失序的美国

THE DISORDERED AMERICA

刘元春 刘 青 等◎著

中国人民大学出版社
·北京·

图书在版编目（CIP）数据

失序的美国 / 刘元春等著. -- 北京：中国人民大
学出版社，2023.3
ISBN 978-7-300-31414-3

Ⅰ.①失… Ⅱ.①刘… Ⅲ.①方针政策-研究-美国
Ⅳ.①D771.222

中国国家版本馆 CIP 数据核字（2023）第 016704 号

失序的美国

刘元春　刘　青等　著

Shixu de Meiguo

出版发行	中国人民大学出版社	
社　　址	北京中关村大街 31 号	**邮政编码**　100080
电　　话	010 - 62511242（总编室）	010 - 62511770（质管部）
	010 - 82501766（邮购部）	010 - 62514148（门市部）
	010 - 62515195（发行公司）	010 - 62515275（盗版举报）
网　　址	http://www.crup.com.cn	
经　　销	新华书店	
印　　刷	涿州市星河印刷有限公司	
开　　本	720 mm×1000 mm　1/16	**版　　次**　2023 年 3 月第 1 版
印　　张	15.5 插页 2	**印　　次**　2023 年 7 月第 2 次印刷
字　　数	140 000	**定　　价**　78.00 元

序　言

近年来，美国社会及中美关系发生了历史性变化，对中国的外部环境造成了深远影响。同时，中国与美国作为世界大国，其政经交往对两国及世界其他国家也具有重要影响。在此背景下，加强对中美关系的研究具有重要意义。为此，中国人民大学国家发展与战略研究院于2021年初设立中美政经论坛，搭建跨学科的学术与智库平台，定期组织团队深入探讨一些关于美国政治、经济、社会、文化等各方面的重要问题及其对世界尤其是中国的影响，并公开发布最新研究成果。一年来本论坛分别聚焦"回顾与回归：美国拜登政府百日执政评估""大历史视野下的'拜登经济学'与中国""中美博弈背景下的国际经贸规则重构""疫情时代的美国社会变迁及其国际影响""中美博弈下美国对华舆论的演变""拜登政府执政首年内外政策评析"几个主题，形成了6篇研究成果，从不同角度为客观、理性而深入地了解美国政经变化、中美政经交往，助力学界对美国及中美政经关系的学术研究与讨论，提供了助益。

第一部分主要从政治、经济、外交与安全、对外经济与应对气候变化四个方面对拜登政府百日执政进行全方位评估。总体而言，拜登政府执政百日取得一定成效，其承诺也在逐步兑现，但规模巨大的投资计划背后是财政赤字、大规模通胀，以及美元地位的动摇。未来财政如何更加有效地分配且平衡好国内利益博弈，将是拜登百日新政效果能否持续的前提。此外，美国尚未出台系统的对华经济政策方案，未来的中美关系还面临着诸多不确定性。

第二部分强调从大历史视野认识、分析"拜登经济学"的政策目标、政策根源、政策工具、政策效果，厘清该经济思潮的大趋势，并探讨其对中国的影响。拉长历史视野来看，"拜登经济学"意味着对自 20 世纪 80 年代以来由"里根经济学"所代表的新自由主义经济思潮的背离，以及对 20 世纪 30 年代罗斯福"新政"至 20 世纪 60 年代约翰逊"伟大社会"纲领的回归。其政策目标可以用两个短语来概括：一是"以劳工为中心"，二是"以中国为中心"。总体而言，美国在其国内扩大支出、促进经济增长的政策以及创新等方面的良性竞争有利于中国发展，但其在限制技术交流与扩散、限制国际贸易与投资等方面的恶性竞争措施，将对中国构成挑战。

第三部分认为在中美博弈背景下，国际经贸规则的重构正在深刻影响各国经济战略目标的调整和实现。尤其是中美双方在立场、诉求与行动方面存在较大差异，中方话语权提升，美方对华态度依然强硬、新内阁更加重视多边。面对更趋复杂的国际经济环境，中国要增强紧迫感，要积极参与其中，以自身发展去适应规则变化，以自身发展去引领规则重构。

第四部分主要聚焦疫情背景下美国社会的一些特征与变化，从民意与社会动态、种族、劳资与阶级、民生与经济生活以及相关政治与政策等方面对美国社会自疫情暴发以来的变化进行分析。这些变化对中国以及国际社会产生的影响是相互作用且互为因果的，强调当前在全球格局下人类应共同克服疫情，重建个人、经济与社会生活。

第五部分详细分析了美国对华态度的基本特征、美国对华舆论负面态度的加剧以及美国对华舆论恶化的诱发因素。美国对华舆论的演变主要有憎、爱、怕三个基调，这主要基于美国对华战略的转向与重新定位，美国媒体配合政府对华战略、对华污名化传播策略成常态，以及中国的崛起与对外有所作为所引发的欧美社会的"危机感"。中国应保持战略定力，扩大改革开放，以国家发展为首要任务；在国际传播中，中国应增强自信，强化议程设置能力，强化在舆论话语体系中的主导权，向国际社会展示"真实的中国"。

第六部分围绕美国拜登政府上台执政一年以来的危机与挑战展开

讨论。在疫情防控与经济复苏的挑战下，其在美国国内正处于较为被动的执政状态，面临诸多不确定性。在对外政策上，美国将延续"大国竞争"框架，并在未来进一步推动对华强硬政策，聚焦所谓"印太"地区。为留下尽可能多的执政遗产，并实现美国自身利益的最大化，拜登政府也将基于"消极合作"在经贸、科技、地缘安全等领域对华采取不同的政策选择，中美两国的互动或将加速形成新模式。

本书的形成是团队成员刁大明、李巍、刘青、刘元春、王簋、王孝松、周玉黍等集体努力的结果。同时，论坛也得到韩运荣、洪俊杰、黄建忠、贾康、贾庆国、李婷、李晓、李永、林桂军、毛振华、倪峰、史安斌、宋国友、佟家栋、王欢、王晋斌、吴晓刚、肖珺、谢韬、闫文捷、杨典、于春海、于津平、岳晓勇、张亚斌、钟新等专家学者的大力支持，在此一并致谢。当然，文责由作者自负。作者也感谢国家社科基金的资助（项目号：21VMG038）。

目　录

1

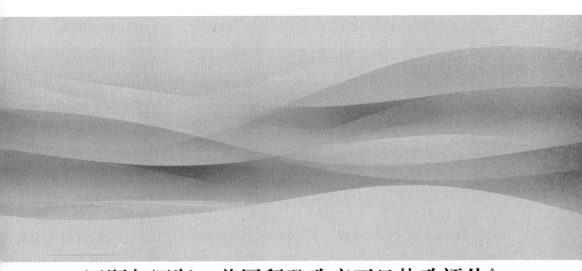

回顾与回归：美国拜登政府百日执政评估[*]

---

* 本文由李巍（中国人民大学国家发展与战略研究院研究员、国际关系学院教授）、刁大明（中国人民大学国家发展与战略研究院研究员、国际关系学院副教授）代表团队于 2021 年 5 月 11 日发布。

　　自 1933 年小罗斯福在上任之后三个月内推动 76 项应对大萧条的相关立法以来，所谓"百日执政"就在此后被广泛认定为初步判断一任新总统执政风格乃至未来成就的关键节点。2021 年 4 月 29 日，美国拜登政府迎来执政一百天，正在面对外界对其百日成绩单的严格审视。

　　为了兑现竞选时期的承诺，拜登于上任当日就签署了多项行政令，企图扭转特朗普执政时的相关政策，积极布局振兴国内经济的举措，很快就推出了高达 1.9 万亿美元的"美国救助计划"（American Rescue Plan），并辅以购买美国货、雇用美国人等政策助力经济回归正轨。同时，拜登政府也在百日之内不遗余力地提升与盟友及伙伴间的关系，在重塑美国在多边经济合作中的领导力的同时，其加大对华竞争的攻势日渐明朗。总体来看，拜登政府积极搭建起国内外的桥梁，以中产阶级外交为抓手，努力复兴国内经济，以为美国重建全球领导力奠定基础。但与此同时，也必须看到，百日执政的期满也意味着新上台总统及其政府所享有的所谓"蜜月期"的彻底结束，未来内外政策的推动将面临更大压力与障碍。

拜登政府所面对的执政局面

虽然美国自由派的媒体时常喜欢将此时的拜登与彼时的小罗斯福相比较，甚至认为同样具有坎坷个人经历的两人都具有面对挑战时的韧性、耐力与信念，但必须看到的是，拜登如今所面对的执政环境更为复杂、更为艰困。

第一，拜登政府面对着疫情背景下更为复杂的"级联"式危机。新冠疫情在美国的失控态势给美国经济带来了极大压力，也加剧了种族仇恨、枪支泛滥等社会顽疾，形成了多个困境联动且相互强化的关联性挑战。自小罗斯福以来各届美国总统所面对的国内经济或对外战争等相对单一挑战都无法与拜登政府所面临的危局相提并论。目前看，如果疫情无法得到有效而彻底的控制，经济的长期复苏特别是让公众有感的复苏也就面对较大压力。

第二，拜登政府面对着日益极化对立、持续不满的政治环境。

2020 年大选是两党候选人获得选民票刷新历史纪录的一次选举，从两党势如水火的对峙态势可见一斑。在选民投票日之后，特朗普不接受选举结果，甚至制造了 2021 年 1 月 6 日历史罕见的"国会山事件"。这些撕裂美国社会的发展态势都给拜登政府执政投射下了挥之不去的阴影。

与此同时，虽然由于败选和民主党政府上台，共和党整体陷入低迷状态，获得的关注度与曝光度快速下降，但共和党并未开启可能引发政党内部路线和政策立场改变的内部调整乃至整合，经历"二次弹劾"的特朗普仍旧在共和党党内保持了最大（虽然未必全然主导）的影响力。就特朗普本人而言，建立所谓"前总统办公室"、在保守派政治行动委员会年会上公开演讲、宣称将推出新的网络平台、介入炒作族裔议题等动作似乎仍未对拜登政府带来切实压力，但后续随着百日执政"蜜月期"的结束以及 2022 年中期选举周期的临近，特朗普的影响也极有可能将更为显性。事实上，曾在特朗普政府任职甚至与特朗普关系密切的共和党政治人物已经或正在准备通过选举发挥更大的政治影响力。

即便在民主党内部，拜登政府也面对着长期存在的内部矛盾。原本预计拜登将在内阁构成上充分平衡由桑德斯、沃伦等人代表的激进自由派，但目前看只有内政部长德布·哈兰被认为代表激进派声音，这显然是不足以实现平衡的。值得注意的是，民主党的激进自由派在2021年4月28日拜登首次国会演讲之后也安排了回应演讲，以表明自身立场，这至少说明了这一群体希望对拜登政府政策议程制造更大影响的明确意图。

从整体民意看，美国民众仍然对国家发展方向持有不乐观的态度。2021年4月20日的最新民调显示，56%的受访者仍认为美国国家发展方向错误，认为国家发展方向正确者只有36%。这个状态虽然比拜登上台之前有所改善，但与特朗普过去四年执政期间曾经达到过的水平相比也不是最好的。由此可见，拜登面对的国内预期不低、压力颇大，难以想象会在短时间内让美国民众转而展现出满意态度。

第三，拜登政府面对着华盛顿政治生态的极大限制，主要问题来自无法彻底控制的国会参议院。显而易见，总统要推动重大政策议程需要国会立法的积极配合。当年小罗斯福之所以可以快速通过最终构成"新政"的多项立法，一个关键原因就是其所面对的第73届国会两院都同为民主党主导，进而形成了推进政策相对顺畅的"一致政府"状态。而如今，拜登所面对的只是一个名义上的"一致政府"。由于民主党在国会参议院只占据与共和党打平的50席，拜登推动立法与人事批准的难度及成本都明显加大。在推动政策的具体政治博弈当中，一方面，拜登政府不得不考虑到西弗吉尼亚州国会参议员乔•

曼钦（Joe Manchin）的态度，否则就大概率无法凑齐过半通过的足够票数。在曼钦所代表的温和保守派立场得到放大的情况下，拜登政府就更难同步回应激进自由派的诉求，从而加剧了党内分歧。另一方面，为了确保关键立法绕开国会参议院的所谓"冗长发言"通过程序，不得不使用"和解协调"程序，但该程序的反复使用在原则上受到严格限制。

拜登百日执政的政治表现

面对巨大挑战与复杂环境，拜登在就任之前就将应对疫情、复苏经济、推动族裔平权以及应对气候变化作为首要议题，但从其百日执政期间的效果看，似乎有所推进，但仍存在着一定的不确定性。

第一，拜登政府就任之后的一些固定议程都表现出相对迟缓的态势。新政府上台之后，率先要解决的问题就是团队组建，特别是关键职位的人事就位。从拜登政府的实践来看，由于 2021 年 1 月 3 日到 20 日之间由共和党主导的国会参议院的不配合，其内阁部长等提名的审议程序就相对更晚一些才开启。但由于需考虑在国会参议院过关以及拜登更为倾向于充分考虑各种要素之间的平衡与妥协等原因，其内阁部长以及内阁级官员人选宣布的时间明显晚于往届总统。直到

2021年3月23日即其执政两个月之后，15个内阁部长才得以全部就位，其推进节奏相对较慢。截止到2021年4月29日，其内阁级官员中仍有2位没有正式就位：一是新晋提升到内阁级的科技政策办公室主任的人选还在等待国会参议院批准；二是极为关键的管理与预算办公室主任人选妮拉·坦登（Neera Tanden）因无法在国会参议院中特别是民主党中得到足够支持而放弃提名，而该提名过程的受阻背后反映的正是坦登所代表的党内建制派与由桑德斯等所代表的激进自由派之间存在的拜登无法化解的分歧。

此外，拜登举行首场总统记者会（2021年3月25日）和首次国会演讲（2021年4月28日）的时间都是百年来最晚的。如此拖延可能说明拜登希望做一些事情之后再大张旗鼓地对华盛顿、对美国民众喊话的考虑，其背后不但是拜登作为资深政客的老练，也有拜登对当前美国国家挑战与执政环境及难度的充分认知。

第二，拜登政府总体上得到相对平稳且比较正面的民意支持。截止到2021年4月29日各路民调显示，拜登自就职以来的满意度维持在47%和63%之间，平均可以达到53.1%，而其不满意度维持在29%和46%之间，平均为42.1%，总体上正面支持度得以稳定保持。与历史对比而言，虽然明显高于特朗普的同期表现，但却低于奥巴马和里根，基本与小布什所获得的民调表现最为接近。拜登总体上的民意表现一方面说明了拜登政府执政上的相对稳定，另一方面也说明其执政在疫情和党争加剧的交叉影响下并未实现足以令民意振奋的业绩。

　　具体而言，多个民调较为一致地显示，拜登在应对疫情方面得到了压倒性的肯定（60％满意、30％不满），在应对气候变化方面的满意度也有正面评价（50％满意、40％不满），在复苏经济方面却只是略微获得了更多肯定（45％满意、40％不满意），但在移民问题（30％满意、50％不满）、控枪问题（40％满意、50％不满）上却明显出现了颇为负面的民意表现。与此相应的是，与2020年6月的民调相比，自2021年4月以来，美国民众认为疫情是重大国家难题的比例从58％降至47％，但认为非法移民是重大难题的比例则从28％增至48％。在不同议题之间的巨大差异与变化也给拜登政府未来的政策议程重点提供了方向。

　　第三，拜登政府通过各种方式开始推动相关政策议程，但仍存在一定变数。就任之后，拜登希望尽快实现竞选承诺，尝试修改特朗普政府的某些政策。面对国会参议院导致的立法成本增加以及国会本身的立法效力问题，同时拜登计划推翻的特朗普执政期间的一些政策也以行政令形式出现，拜登旋即采取了行政令方式来推动政策。2021年1月20日就职当天，拜登就宣布了包括9项行政令在内的17项总统单边行动决定，广泛涉及应对疫情、移民政策、族裔平权、性别平权以及气候变化等关键内容。截止到 2021 年 4 月 19 日，拜登政府已颁布了 40 项行政令。这种做法不但超过了特朗普政府的所谓"行政令治国"即百日执政期间颁布了 33 项总统行政令、执政首年颁布了 55 个行政令的水平，而且也是自小罗斯福以来颁布行政令最为频繁的一届政府。行政令的继续广泛使用虽然是一种确保白宫可以快速推进政策的途径，但其政策效果也必然是不稳固的，有可能不得不面对更多的司法起诉，未来政党轮替之后还有可能被轻而易举地推翻与颠覆。

与此同时，对于涉及大规模财政支出及其项目授权的政策议程，拜登政府不得不选择付诸国会立法。其中，最为重要的立法成功当属涉及 1.9 万亿美元的《美国救助计划法案》，该法案旨在推进疫情防控与经济复苏。2021 年 2 月 27 日，该法案在国会众议院以 219 比 212 的投票结果涉险过关。但由于两党在国会参议院的平局困境，民主党人动用了所谓"和解协调"程序才确保该法案在 2021 年 3 月 10 日以 50 比 49 的投票结果勉强获得通过，但仍接受了调整就业基金项目、删除最低工资标准等多次修正。2021 年 3 月 31 日，拜登政府宣布了涉及 2.25 万亿美元的"美国就业计划"（American Jobs Plan），并宣称计划在 2021 年 8 月国会休会前完成相关立法。由于涉及更大规模支出以及计划通过增加公司税、资本利得税等税收来提供收入等原因，"美国就业计划"的立法程序必将在国会特别是参议院面对更大障碍。2021 年 4 月底，拜登在百日执政期间又宣布了所谓"美国家庭计划"（American Families Plan），其内容涉及儿童教育与福利、孕期带薪假期、免费社区教育等关键政策。该计划将涉及 1.5 万亿美元的新增投入，而其财政来源也基本上锁定在针对富人加税的途径，这也就意味着其作为立法未来在国会通过的压力仍然严峻。目前来看，国会参议院议事规则专员宣称，由于 2021 年涉及新老政府在财政立法上的对接问题，所以可以分别针对 2021 财年和 2022 财年财政立法动用两次所谓"和解协调"程序。因为已在《美国救助计划法案》使用过"和解协调"程序，未来"美国就业计划"还可以尝试使用一次"和解协调"程序，而"美国家庭计划"的立法程序就需要推迟或者另辟蹊径了。同时，即便"美国就业计划"可以采取"和解协调"程序，其能否确保得到所有民主党的支持，也需要在支出项目与潜在的增税可能上做出较多妥协。

必须看到，拜登政府在百日执政期间获得的立法成就即《美国救助计划法案》，不但无法与小罗斯福时代百日执政通过 76 项"新政"立法相提并论，甚至与奥巴马百日执政期间通过的《美国复兴与再投资法案》《2009 财年综合拨款法案》《儿童医疗保险项目再授权法案》《公平薪酬法案》等多个关键立法也不在一个水平。这些情况都再次说明拜登政府自执政以来就面对着空前且特殊的挑战与难度，可能需要更长时间来尝试实现政策目标。

第四，拜登政府在防控疫情以及修复经济等方面的切实效果存在不确定性。拜登政府在防控疫情和修复经济议题上的民意满意度表现出不同程度的理想状态，但其长期效果仍需要进一步检视。

从拜登执政以来的情况看，疫情虽然在全美总体的确诊病例与死亡病例的数据意义上有所放缓，但仍未明确看到可以充分确定的拐点。2021年1月10日疫情达到新高峰（单日确诊25.2万）之后，情势快速缓和，进入4月之后每日平均确诊病例大概为5.4万（4月29日数据），但这一水平基本还是与2020年7月疫情失控时期的水平持平，并非意味着美国疫情已完全不可逆地进入可控范围。虽然全美国整体数据下降，但如果以州为单位观察，仍有9个州在4月29日之前的两周中呈现出疫情抬头的势头，其中以亚拉巴马（23%）、怀俄明（13%）、密西西比（12%）、阿肯色（6%）以及堪萨斯（2%）等保守派主导州最为明显。换言之，美国的疫情仍旧在联邦制与党争极化的交错作用下存在着某些州与局部的潜在短板危机。与此同时，拜登政府大力推动新冠疫苗接种计划，并实现了其所承诺的执政百日接种两亿剂疫苗的目标。按照美国疾控中心2021年4月28日公布的数据，43%的美国民众完成了第一剂疫苗接种、29.5%完成了两剂疫苗接种。但根据2021年3月的民调，虽然持观望态度者已从2020年12月的39%降至17%，且32%的受访者已接种、30%的受访者希望尽快接种，但仍有 20％的受访者不主动或拒绝接种疫苗。值得注意的是，随着疫苗接种的推进，美国各州也相应地呈现出不同的进度，东西海岸州的进度明显快于南方各州，这也比较明显地反映出一定的党派差异，存在未来出现疫苗接种"政治洼地"的可能性。此外，刚刚获批的强生疫苗因被曝可能会引发血栓等严重副作用而被暂停，该事件也会对民众接种疫苗的积极性产生一定后续影响。在疫情放缓但仍有隐忧的情况下，美国经济在 2021 年第一季度实现了 6.4％的增速，但经济在数据上的走强能否有效回应普通民众的诉求，也是值得关注的问题。

拜登百日执政的经济表现

毫无疑问，拜登政府百日执政的焦点在于美国国内，特别是在复苏美国经济上尤为突出，具体体现为推动"美国救助计划"立法、重振制造业以及刺激美国经济的新一轮发展。

第一，逐步落实 1.9 万亿美元救助计划，美国国内经济秩序有序恢复。作为拜登百日新政的优先事项，涉及 1.9 万亿美元的《美国救助计划法案》在拜登上任之初就首先进入大众视野。这一法案是拜登就任总统以来在立法方面取得的第一个重大胜利，但国会两院就救助计划内容的分歧和最终几乎以党派划线的投票结果足以凸显拜登政府在推进宏观经济政策方面的阻力。

《美国救助计划法案》涉及疫情、失业救济、疫苗分发、教育等多个领域，其中包括：一笔一次性拨给大多数美国人的每人 1 400 美元救助资金，于 2021 年 9 月 6 日前向有资格的人提供每人每周 300 美元的联邦失业救济金，联邦政府向州和地方政府拨款 3 500 亿美元，向重启学校拨款 1 300 亿美元，为扩展疫情检测和研究提供 490 亿美元，等等。该法案曾提议将全美最低工资从每小时 7.25 美元提高到每小时 15 美元，而在几轮修改过后，这一有助于调整美国社会收入结构的重要调整并未纳入法案的最终版本。图 1 给出了《美国救助计划法案》的主要内容。

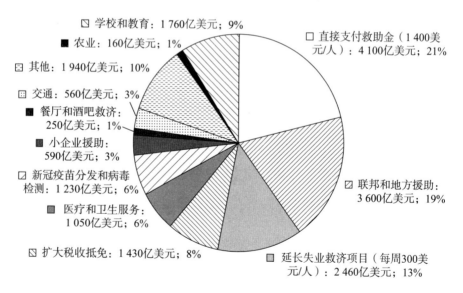

图 1　《美国救助计划法案》的主要内容

资料来源：美国白宫、《华尔街日报》。

随着上述计划的一步步落实，美国国内疫情蔓延态势得到一定控制，国内经济重启的步伐也有所加快。2021年3月18日，美国白宫宣布，美国已完成总统拜登立下的百日内"接种1亿剂新冠疫苗"目标，这比原计划提前了数周。随后，拜登又在2021年4月21日的新闻发布会上亲自宣布美国已完成2亿剂新冠疫苗的接种任务。据美国白宫统计，截至2021年4月27日，美国已经有52％的成年人接种了至少一剂新冠疫苗。此外，美国国内疫苗的接种数量也遥遥领先于世界其他主要国家（见图2）。

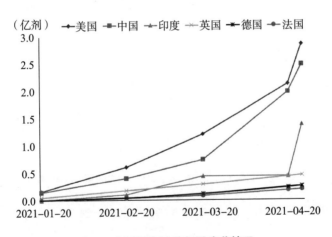

图2 主要国家接种新冠疫苗情况

资料来源：Our World in Data.

据美国相关政府部门统计，美国消费者2021年3月的零售支出激增了9.8％，国内申请失业救济的人数也出现了大幅下降，失业率从2021年2月的6.2％微降至6％。国际社会对美国经济前景的预期纷纷上调。国际货币基金组织 2021 年 4 月的最新报告显示，2021 年美国经济预期增长 6.3%，而 2020 年 10 月对此的预测数据仅为 3.1%（见图 3）。

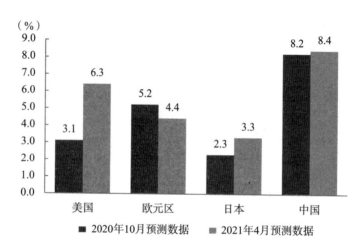

图 3　国际货币基金组织对主要经济体的经济增长预测

资料来源：摘自国际货币基金组织的《世界经济展望》。

　　拜登政府的一系列财政刺激方案目前来看还较有成效，而这也有可能使得国家预算赤字进一步扩大，让联邦债务不堪重负。财政刺激支出一旦超出了美国经济的消化和吸收能力，势必会导致经济过热，通胀预期升温。美联储主席杰罗姆·鲍威尔（Jerome Powell）2021 年 4 月 12 日在接受哥伦比亚广播公司采访时表示，在美国经济正值恢复的拐点之时，美联储还没有加息的计划，但是在运用大规模量化宽松和积极的财政政策提振国内信心的同时，拜登政府也需要对美国向他国转嫁的通胀风险保持谨慎。从某种程度上说，促进国内经济恢复和维持美元信心对美国来说同样重要。

第二，签署"买美国货"行政令，重振美国制造业。早在竞选期间，拜登就承诺要扶持美国本土的制造业，并提出了一项"买美国货"计划，包括让政府对美国制造的产品和服务的采购总额在4年之内增加4 000亿美元。这一加强美国国内制造业的承诺也被外界视为拜登赢得选举的一大原因。入主白宫不久，拜登便于2021年1月25日签署了一项更为严格的、要求政府采购美国制造产品的行政令，希望堵住现有的采购政策漏洞。拜登的新政策将包括：收紧政府采购规制，限制联邦机构的进口采购；修改美国制造的定义，提高本土产品含量要求；确保中小型企业能够更好地获得竞标政府合同所需的信息。这一举措誓言要让美国政府强大的购买力为美国国内制造和技术研发铺平道路。由于强大的制造业基础也是拜登提升工人工资、创造就业岗位、强化美国供应链的关键环节所在，这一行政令也旨在重振美国制造业，真正实现其"重建更美好未来"（Build Back Better）的目标。

事实上，重振制造业的口号并非拜登独创，这一直是近年来多届美国政府希望达到的目标。特朗普执政时一直致力于让制造业回流美国、创造就业机会，虽然彼时美国国内的失业情况有所好转，但成效并不显著，且随后新冠疫情的暴发又暴露出美国在医疗设备、关键医药等领域的脆弱性，这也由此成为拜登政府关注的重点。根据美国经济政策研究所（EPI）的测算，自 1997 年以来，美国有将近 500 万个制造业工作岗位流失、超过 9.1 万家工厂被关闭，并且，虽然制造业就业在 2010—2019 年有所上升，但随后的新冠疫情冲击又几乎抵消了过去十年的就业增长。因此，这一行政令的出台实为对先前重振制造业政策的继承与发展，也会同样面临较多的障碍。

同时，"买美国货"行政令又暗含着"美国优先"和"盟友利益"之间的天然矛盾。此举带有明显的保护主义色彩，引发了包括加拿大、欧盟、日本在内的美国贸易伙伴的高度关注。美国的部分贸易伙伴担心，在疫情带来的巨大影响之下，本国的企业会因拜登新政而被排除在美国巨大的政府采购市场之外。事实上，早年奥巴马在推动"买美国货"计划的过程中，便遭受了来自加拿大、欧盟、英国、日本、巴西等全球贸易伙伴的巨大压力。因此，如何在"买美国货"基础上巩固与贸易伙伴的合作并消除与其的贸易摩擦，延续团结盟友及伙伴的外交主基调，这同样也是拜登政府将要面临的一大挑战。

第三，公布新一轮经济刺激计划，助推经济转型。2021 年 4 月，拜登政府提出了下一阶段分两步走的经济刺激计划，并把这一计划和罗斯福"新政"、约翰逊"伟大社会"纲领相提并论。该计划的第一部分是一项聚焦于基础设施建设的 2.25 万亿美元的"美国就业计划"；第二部分是一份 1.8 万亿美元的有关教育、医疗健康和儿童保育的"美国家庭计划"。据预测，拜登的新一轮经济提案将在十年内耗资 3 万亿～4 万亿美元。

2.25 万亿美元的"美国就业计划"中的资金分配已经公布（见图4），其大部分资金将用于对交通基础设施进行现代化改造、改造房屋建筑、修建电动汽车充电桩、发展制造业等，其余资金将被投入老年人和残障人士护理、修缮老旧学校等领域。诚然，这项计划的核心是创造就业、改善经济状况，且对新能源基础设施的建设颇为关注，体现出民主党希望借此推动美国向清洁能源经济型社会转型的意愿，也反映了拜登有意通过基建计划兑现"到 2035 年 100%使用清洁电力，并在 2050 年实现净零排放"的竞选承诺。但与此同时，这项计划也附带着美国和中国开展一场旷日持久的基建之争的意图，拜登希望通过基建和制造业的投资先壮大美国国内实力，转而再捍卫那些被他国所"侵占"的海外安全利益。

"美国家庭计划"的主要内容也已在执政百日前夕公布，包括在十年内增加 1 万亿美元的投资和为美国家庭及劳动者减税 8 000 亿美元，涵盖了 2 250 亿美元的幼托支出、2 250 亿美元的带薪育儿支出、2 000 亿美元的幼儿园教育支出、1 090 亿美元的建设社区大学支出以及儿童营养支出、学生学费资助等诸多领域。

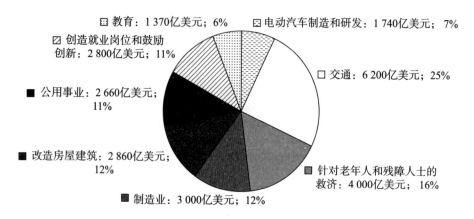

图4 "美国就业计划"的主要内容

资料来源：美国白宫、《华尔街日报》。

拜登的经济计划在某种程度上意味着美国的政策理念正在向"大政府"强势回归。而至于如何筹集到数额如此之大的资金，拜登政府或将计划对年收入超过60万美元的个人所得税税率从37％提高至39.6％、将年收入超过100万美元的家庭的资本利得税从20％提高至39.6％、将企业税率从21％提升至28％以及提高对公司海外利润的税率来予以实现。但征税问题势必会加剧社会阶层之间的矛盾，同时也将遭到共和党人的反对。因此，这一轮超大规模、超长周期的财政计划势必将在白宫和国会之间展开历时数月之久的谈判，并且各方利益集团也不会停下游说的步伐。在利益博弈和妥协之下，这项计划的最终版本虽然还不得而知，但这已成为美国国内经济复苏的下一轮看点。

第四，全面回调能源政策，推动清洁能源发展。拜登政府迅速全面地回调了特朗普政府时期以振兴化石能源产业、减少气候与环境约束为核心的能源政策，大力推动清洁能源转型与应对气候变化。当前，拜登政府已将应对气候变化列为其施政的七大优先目标之一，应对气候变化的优先性仅次于应对新冠疫情和推动经济复苏。美国能源部也明确将应对气候变化、创造清洁能源就业机会、促进能源正义列为其三大优先目标。拜登政府对于应对气候变化和清洁能源转型的重视不言而喻。

拜登打造了带有鲜明"绿色低碳"烙印的能源政策团队。由于内政部、能源部和环境保护署是美国能源政策制定与实施的核心部门，因此其部门负责人对于未来美国能源转型就格外重要。拜登提名的内政部长哈兰、能源部长詹妮弗·格兰霍姆（Jennifer Granholm）、环境保护署署长迈克尔·里根（Michael Regan）长期坚定地致力于推动美国能源转型。不仅如此，拜登提名的商务部长吉娜·雷蒙多（Gina Raimondo）、交通部长皮特·布蒂吉格（Pete Buttigieg）、白宫国家经济委员会主任布莱恩·迪斯（Brain Deese）也均为美国清洁能源转型的积极倡导者。显然，拜登政府的内阁是一个"绿色内阁"。在拜登执政百日内，上述内阁成员先后得到参议院的确认，而相关部门内中层负责人也大多得到任命并就位。至此，拜登政府的清洁能源团队已经基本组建完成。

在打造其清洁能源团队的同时，拜登也在积极推行"绿色新政"。拜登计划投入 3 000 亿美元以推动清洁能源技术研发、推动产业向低碳转型、降低交通运输领域的排放量，并力求创造百万规模的清洁产业岗位。为此拜登于 2021 年 1 月 27 日签署了一项重磅行政令以暂停以石油和天然气开采为目的的土地租赁、引导低碳投资、推动新能源汽车政府采购等等。自 2021 年 1 月 21 日格兰霍姆非正式地领导美国能源部起，能源部在约 3 个月的时间内宣布了对近 30 个旨在研发新能源技术、降低能耗的资助计划，其中就包括对革命性清洁能源解决方案提供 1 亿美元资助、向小企业提供 1.2 亿美元清洁能源研发资助。当前美国能源部支持其清洁能源转型的项目之多、力度之大与特朗普执政时期形成了鲜明的对比。自 2021 年 3 月 16 日德比·哈兰正式担任美国内政部长的第二天起，内政部就开始筹划召开由石油和天然气产业集团参与的论坛，以向能源产业联盟传递能源转型的明确信号。自 2021 年 1 月 20 日起，美国环境保护署就开始执行拜登所颁布的 4 项与能源转型相关的行政命令或行政备忘录。总的来看，在拜登政府执政百日内，其"绿色新政"得到了迅速全面的实施。

拜登百日执政的外交与安全议程

2021 年 3 月 3 日，拜登政府公布了《过渡时期国家安全战略指南》，这标志着其政府团队已开启对外战略总体规划。在该指南中，拜登政府强调了新冠疫情、经济衰退、民主倒退、种族问题、气候变化及与中俄竞争对当今全球安全形势和美国命运的重要影响。同时，拜登政府强调了三个方面的重点：一是面对国家安全问题，要重视外交、民主和国际体系，"拜登政府将外交视为解决国家安全问题的第一工具，民主是其最大的资本"；二是高度重视新兴技术、太空、网络、健康、气候等领域，"美国必须在新兴技术、太空、网络、健康和生物威胁等领域发挥领导作用"；三是将中国视为未来最大的战略竞争对手，"中国是唯一可能将经济、外交、军事和技术力量相结合，从而对稳定和开放的国际体系提出持续挑战的竞争对手"，"国防部为应对中俄等威胁，应调整资源，将支出转移到发展影响未来军事和国家安全优势的尖端技术和能力上"。

自上任之后，拜登马上开始了与欧洲、亚洲盟友的电话沟通，并先后在和欧、亚盟友深度沟通后与俄罗斯和中国领导人进行了通话。虽然由于疫情而更难实现访问，但拜登政府还是较快地与加拿大、墨西哥等邻国以及欧亚盟国的领导人进行了较为广泛且频繁的网络视频联系，并在执政百日实现了与日本、韩国两国的外长与防长"2+2"会晤、中美阿拉斯加高级别战略对话、日本首相访美以及举办领导人气候峰会。

第一，拜登政府开启推动所谓"中产阶级外交"的对外政策议程。2021年2月4日，拜登以访问美国国务院为契机发表了其就任以来的首次外交政策讲话，指出"外交政策与国内政策不再有明确界限。我们对外的每个行动，都必须考虑到劳工家庭的利益。推进服务于中产阶级的外交政策需要迫切关注我们国内经济复兴"。随后，拜登政府于2021年3月3日公布的《过渡时期国家安全战略指南》又将中产阶级视为国家"脊梁"，重申了确保其利益的重要性，并强调将劳工家庭诉求放在国家安全战略的核心位置。事实上，"服务于中产阶级的对外政策"或简称"中产阶级外交"是拜登及其团队在大选期间就提出的具有一定竞选口号色彩的对外议程，目前来看也正成为其执政后重点推动兑现的政策承诺，值得高度关注。

从对中产阶级关切的判断与政策期待的评估出发，虽然同为"内顾"，但自上台以来拜登政府的对外政策在聚焦方向、政策工具以及实现路径上都在尝试采取不同于特朗普政府的实现路径：不同于特朗普从"本土主义"出发的外部归因，拜登强调美国自身能力与竞争力的提升；不同于特朗普采取的单边制裁手段，拜登看重新规则制定权；不同于特朗普的单边主义，拜登努力修复盟友和伙伴关系。总体而言，"中产阶级外交"在具体实现过程中率先表现在经贸政策上，体现为提升自身竞争力（包括社会治理、制造业、基础设施建设以及科研创新）、制定经济全球化新规则、团结"民主国家"经济体并构建"民主供应链"联盟。在安全与防务政策上，拜登政府希望重视"外交"而非"军事"手段以及保持军事克制，具体体现为希望尽快结束也门战事、为阿富汗撤军设定新时间表等。

可以肯定的是，"中产阶级外交"更像是对特朗普政府对外政策的"折中"，旨在回应美国内外问题加剧、国际形象与地位恶化的现实，并有助于同步整合民主党内部分歧与应对共和党对蓝领中下层群体的继续吸引。我们必须看到，该议程存在着所服务群体范围过宽且诉求不一、实现强化盟友等目标存在内在矛盾、所需美国政府内部协调难度大等挑战。由于美国现有政治框架与决策生态的局限，仅仅在对外政策上的调整最终也无法实现服务于中产阶级的目标。

第二，拜登政府延续了特朗普政府"大国竞争"的方向，但采取了所谓"美国回来了"等强调修复盟友关系的回归路径。虽然拜登及其团队在竞选期间表现出在诸多内外政策上否定特朗普政府做法的倾向，但其上台后在"大国竞争"的方向上并没有任何转向，继续将战略重点聚焦于俄罗斯与中国。为了推进大国竞争并符合"中产阶级外交"的理念，拜登政府强调修复盟友体系，通过构建针对中、俄两国的所谓"多边主义"来实现"美国回来了"，强化美国的领导地位。

对俄政策是拜登政府上台后着墨较多的领域，凸显了美国对外政策的两面性。一方面，为了保持战略稳定并确保对外成本投入可控，拜登政府较早与俄罗斯沟通，确定了美俄《新削减战略武器条约》的续约，实现了美俄两国的"消极合作"。同时，拜登政府不但邀请俄罗斯总统普京出席 4 月 22 日的领导人气候峰会，而且希望与其在第三国会晤。另一方面，拜登政府显然是冷战结束之后首个上台之初对莫斯科、对美俄关系缓和不抱任何期待的新政府。也正因如此，拜登政府在经济制裁、干涉内政、操纵"人权事务"、驱逐外交官、地缘政治等多个领域对俄罗斯施压，并通过各种手段驱动欧洲盟友特别是中东欧国家配合美国采取相关行动。通过对俄示强的一系列攻势，拜登政府希望对外展现其在执政百日之内快速修复与欧洲盟友关系的所谓"效果"。与此同时，这一系列对俄施压以及俄罗斯的反击也在客观上渲染了俄罗斯的所谓"威胁"、复杂化乃至恶化了俄罗斯与欧洲合作的氛围，推进了美国拉拢欧洲盟友的进程。

与施压俄罗斯同步，拜登政府也与欧洲盟友展开了密切互动。2021 年 2 月 19 日，拜登在慕尼黑安全会议上发表了其上任以来首个多边外交讲话，并将在 2021 年 6 月选择英国和比利时作为上台后的首批外事访问国。但值得注意的是，欧洲盟友特别是法德等传统国家对于拜登政府的政策调整也做出了不同程度的反应。一方面积极欢迎"美国回来了"，另一方面也存在着一定的保留态度。对于法德等国而言，至少过去四年美国的作为已让其清晰认识到美国国家能力、意愿及其能够投入资源的局限性，进而也从自身利益出发务实地选择与美国的合作策略。拜登在慕安会讲话之后，法德领导人也各有表示：法国总统马克龙坚持将不会改变欧洲"战略自主"的步伐；德国总理默克尔则表示"我们（美欧）的利益并不总一致"。换言之，对于在口头上宣称"回来了"却无法投入更多资源反而依赖盟友更多参与的美国而言，要实现快速强化盟友关系目标也存在着现实中的压力。

除了强化传统欧洲盟友之外，拜登政府的外交重点显然延续了奥巴马、特朗普两届两党政府以来的战略方向，突出聚焦于亚太或"印太"地区，继续推动所谓"印太战略"。显而易见，拜登政府已将所谓"印太"地区视为中美地缘政治竞争的首要区域，主张以日本、韩国、澳大利亚、菲律宾、泰国等盟国为基础，以美日印澳"四方机制"为主体，大力吸收区内外伙伴国，打造制衡中国的地区架构，进一步加大对华展开包括规则锁定、供应链竞争以及军事威慑在内的各种压制。2021年3月12日，拜登政府主持召开了"四方机制"的首次领导人会议，四方决定围绕新兴关键技术、疫苗生产与分发、应对气候变化等议题成立工作组。2021年4月15日，日本首相菅义伟访美，成为拜登政府上台后在美国本土接待的首个外国国家首脑。美日领导人会晤之后发表了多份声明或文件，其中针对中国的意图越发明显：不但提及了对和平与稳定的台湾海峡的所谓"关切"，而且提出了美日之间所谓"竞争力和韧性"（CoRe）伙伴关系，宣誓将共同关注"自由与开放"的"印太"地区的"和平与安全"，并将在贸易、科技、WTO改革以及供应链重塑等多个领域强化合作。此外，拜登政府还进一步推动英、法、德、加等盟友以及北约介入"印太"事务。

第三，拜登政府的对外政策议程凸显了民主党长期主张的政策议程与价值观倾向。其一，拜登政府在地区热点问题上倾向于尽可能回归奥巴马政府期间的路线，比较明显地体现为其在伊朗核协议的态度上，这也增加了相关方与美国互动的空间。其二，拜登政府在气候变化议题上的明显回归体现了民主党的价值观、所代表的利益诉求以及政策议程。但在气候变化议题上，美国仍旧希望成为制定规则的领导者，并试图以相关规则主导来服务于大国竞争。在其他全球治理问题上，如疫苗的全球分配等，拜登政府虽然也表现出不同于特朗普政府的相对积极性，但仍然存在着明显的针对性，即通过价值观与意识形态因素团结西方来孤立、规锁中国等竞争者的态势。其三，拜登政府在对外事务中凸显了对民主党所坚持的主流意识形态的过于理想化追求。比如不顾沙特阿拉伯的立场而在"卡舒吉案"上表达明确态度，或者公开承认"亚美尼亚大屠杀"而招致土耳其等国的强烈反对等。这些对于西方价值观的追求可能有助于强化西方传统盟友关系，但同时也会对某些相关的特定盟友关系走向造成较大影响。与此同时，2021 年开年以来的缅甸局势也对拜登政府的对外政策特别是所谓"价值观外交"构成了较大挑战。

百日执政的对外经济与应对气候变化议程

拜登政府在国内以防控疫情、重视经济复苏为百日执政目标，在对外经济与全球治理议程中也相应地展示出其国内诉求。

第一，开启百日供应链审查，"供应链联盟"呼之欲出。"供应链安全"被拜登政府视为美国制造业薄弱的症结所在，更被视为美国"重建更美好未来"的必要基础。2021 年 3 月 3 日，白宫发布的《过渡时期国家安全战略指南》便明确指出，美国需要与具有相同利益与价值观的民主盟友及合作伙伴一起，重塑关键产品及技术的供应链，以确保供应链的安全，并帮助美国获取相对于中国更有利的战略优势与竞争优势。这一指南开门见山，点明了拜登政府构建"民主供应链联盟"以合围中国的意图。

事实上，这一联盟早在拜登的"百日审查"行政令中便已雏形渐显。2021 年 2 月 24 日，拜登签署行政令，要求全面评估美国关键产品和行业的供应链风险，以增强美国供应链的弹性、多样性与安全性。其要求相关政府部门在 100 天内完成对半导体、药品及药物成分、稀土等关键矿物质、高容量电池这四类关键产品的供应链风险评估，并提交政策建议报告；还要求在一年之内完成对美国六大关键行业的供应链风险评估，包括国防、公共卫生、信息和通信技术、能源、交通以及农产品和食品生产行业。虽然该行政令并未直接点名中国，但毋庸置疑的是，美国将尽可能地在关键供应链上排除中国——在疫情加剧全球供应链风险之际，美国领导下的、呼之欲出的供应链联盟便是其重塑国际经济领导力的一大重要抓手，供应链的"百日审查"被视为拜登政府的对华初步攻势，旨在排斥作为这些核心产品主要供应源的中国。

除了在美国国内运用行政令手段"小试牛刀"之外，拜登政府还在外交舞台上发力，尤其是在"印太"战略中试图嵌入"疫苗供应链联盟"与"科技供应链联盟"。2021 年 3 月 12 日，在"四方安全对话"（QUAD）会议期间，美、日、澳、印已就深化疫苗合作伙伴关系达成共识，包括在疫苗供应链中扶植印度，如计划使印度制药公司"E 生物"（Biological E）于 2022 年底之前至少达成 10 亿剂合规疫苗的产量；四国还决定成立高级别疫苗专家组，旨在为其疫苗合作提供机制化的长期支持。然而，面对具有强大疫苗实力的中国，美国的表态却是对中国"以疫苗为外交手段的行为予以关切"。可见，美国并不会为了实现疫苗的全球公共产品属性而与中国展开合作，且将在"印太"地区的疫苗合作中有意对中国进行掣肘，努力构建"印太"地区的疫苗"小圈子"。

此外，四国还决定成立关键与新兴科技工作组，其职责包括协调制定技术标准、增强电信领域合作、针对关键技术供应链问题保持对话等。可以预想，美国将继续游说"印太"盟友在其本国市场排除华为等所谓"不可信任"的电信供应商，更会拉拢或施压其"印太"伙伴在关键技术的供应链上"驱逐"中国高科技企业。

总而言之，拜登政府正在尝试使用更具多边主义色彩、也更具"杀伤力"的"供应链联盟"对华打压手段。一方面，美国急需在紧急形势下满足美国国内在医疗设备、芯片、制造业领域的需求，增强经济韧性；而另一方面，弥合盟友裂隙、重回多边主义又是拜登政府的外交需要。因此，拜登极有可能会综合这两方面诉求，把供应链安全与盟友利益这二者结合起来，打造一个"供应链联盟"，以确保关键的供应链生产权力掌握在美国及其盟友手中。且近期美国及其盟友抵制新疆棉花及太阳能产品事件的持续发酵，更暗示了这一联盟或将进一步引入民主、人权等价值观元素，从而实现物质力量与观念力量的强大合力。

第二，全面审查对华贸易政策，发布首个贸易议程。贸易问题曾是特朗普政府外交工作的重点，而在拜登新政中也有所延续。在过去的百日执政历程中，拜登政府对新一任政府的贸易重点进行了评估，其中将与中国有关的贸易议程作为核心要点。与此同时，拜登政府积极联系盟友，重回多边体系，发挥拜登善用议题联系的优势，协调多个经济议题共同对华施压。

既有政策报告显示，拜登在对华贸易问题上将延续特朗普政府的强硬态度。美国贸易代表办公室先后在 2021 年 3 月 1 日和 31 日向美国国会提交了《2021 年贸易议程》及《2021 年国家贸易评估报告》，两份报告暴露了拜登政府将延续特朗普政府在贸易问题上对华的强硬态度。这两份报告透露出美国贸易部门在未来一年中的优先事项。报告中在关税以及数字经济问题上重点突出对华贸易关系，认为中国的补贴行为破坏了现有体系、中国的非市场补贴行为是导致太阳能等领域产能过剩的主要原因，甚至表示将"利用一切可利用的手段"应对"中国不公平的贸易行为"。

与此同时，通过观察拜登此前的种种内政外交举措我们可以发现，拜登政府非常善于将多个经济议题联合起来处理，贸易问题也不例外。拜登曾在美国国务院的讲话中特别提及外交政策要将国内工薪阶级的利益放在首位，服务于中产阶级最为紧迫的要求。因此，秉持以中产阶级为中心的外交政策，拜登希望通过重建一个公平的国际贸易体系来改善国内的工人权益，并创造数百万个高薪岗位，并且通过双边和多边的贸易合作，实现包容性的经济增长来应对气候变化，甚至有可能将关税与碳排放量挂钩，为广大的工薪家庭创造福祉。在这一问题上，拜登政府已经开始联系西方盟友共同行动。2021 年 3 月22 日发生的欧洲多国以"强迫劳工"为由抵制中国新疆棉花事件，进一步恶化了中国在贸易问题上的外交环境。

通过拜登政府的人事任命，我们也可以发现拜登政府正在将贸易问题与人权等重大国家战略整合起来共同处理。新任美国贸易代表凯瑟琳·戴（Katherine C. Tai）在投票中以高票获得提名确认，这在美国两党分歧矛盾巨大的背景下实属难得，但这也充分体现出戴的个人能力和政策倾向在美国国内的高认可度。作为《美墨加协定》（USMCA）中劳工条款与环境标准的主要推动者，戴在贸易问题上的专业知识及其政绩都为其赢得贸易代表的任命增加了筹码。与此同时，戴不仅十分擅长处理劳工问题，还曾在奥巴马执政时期在贸易代表办公室负责与中国的贸易执法问题，并且会讲一口流利的普通话，其专业背景与政策倾向可以帮助美国在劳工和知识产权等问题上与中国抗衡。

在多边层面上，拜登上台之后同意了 WTO 新任总干事恩戈齐·奥孔乔-伊韦阿拉（Ngozi Okonjo-Iweala）的任命，从而填补了 2020

年 8 月罗伯托·阿泽维多（Roberto Azevedo）卸任后 WTO 总干事职位的空缺。此举使得特朗普离任前所遗留的美欧 WTO 主导权竞争告一段落，也为美国重新主导 WTO、协调盟友改革多边贸易体系拉开了帷幕。奥孔乔-伊韦阿拉是首位来自非洲的 WTO 总干事，同样也是第一位担任该职位的女性，她的上任对于 WTO 而言具有重要意义。更为重要的是，2019 年奥孔乔-伊韦阿拉获得了美国国籍，因此，她也成为首位担任 WTO 总干事的"美国人"，这或将标志着美国在 WTO 中主导权的强势回归。

第三，价值观和经济工具相结合，联络盟友构筑对华经济制裁"统一战线"。由美国及其盟国对华的多项制裁措施我们可以看出，拜登政府延续了特朗普在对华制裁方面多议题、多手段、多领域的执行特点，并且出现了联合盟友制裁中国的局面（见表 1）。

表 1　拜登政府及盟国对华制裁措施

制裁方	发起时间	制裁手段	制裁对象	制裁议题
美国	2021 年 3 月 12 日	购买和使用禁令（不可信供应商名单）	华为等 5 家公司	国家安全
美国	2021 年 3 月 18 日	金融制裁	24 名中国官员	香港问题
欧盟	2021 年 3 月 22 日	旅行禁令；冻结资产	4 名中国官员，一个实体	新疆问题
挪威	2021 年 3 月 22 日	旅行禁令；冻结资产	4 名中国官员，一个实体	新疆问题

续表

制裁方	发起时间	制裁手段	制裁对象	制裁议题
冰岛	2021年3月22日	旅行禁令；冻结资产	4名中国官员，一个实体	新疆问题
加拿大	2021年3月22日	旅行禁令；冻结资产	4名中国官员，一个实体	新疆问题
英国	2021年3月22日	旅行禁令；冻结资产	4名中国官员，一个实体	新疆问题
美国	2021年3月22日	旅行禁令；冻结资产	补充2名中国官员	新疆问题
美国	2021年4月8日	出口禁令	7个中国超级计算机实体	军事议题

总体来看，拜登政府延续了特朗普政府抛出的对涉港和涉疆问题的制裁项目，并且还结合采用价值观工具，深化已有的对华制裁措施。在涉疆制裁上，拜登政府转变了特朗普政府的单边思维，转向为联合盟友的多边制裁；在涉港制裁上，拜登政府的制裁手段有所升级：3月18日的制裁令涉及的24名中国官员在特朗普任内曾被冻结海外资产和限制入境，而本轮金融制裁则限制了他们对全球银行系统的正常使用。

与此同时，拜登政府依旧专注于对中国高科技产业的打压（见表2）。美国联邦通信委员会（FCC）在2021年3月12日将华为等5家中国公司列入不可信供应商名单，并在2021年3月17日开始审查是否撤销中国联通美洲公司、太平洋网络公司及其全资子公司 ComNet 在美提供服务的授权。至此，FCC 成为继美国财政部、商务部、国防部之后又一家对华制裁施压的联邦机构。此外，拜登政府以军事背景为借口对中国 7 个超级计算机实体实施出口管制。除非这些实体获得经美国政府审批的许可证，否则不能进口美国《出口管制条例》（EAR）中列明的商品，这亦在重申美国在尖端科技产业遏制中国的决心。

表 2　拜登执政后实体清单中新增的中国实体

实体名称	增补时间	产业类别	实体另用名
华为云香港	2021 年 3 月 4 日	通信	—
南京纤之家星空通信发展	2021 年 3 月 4 日	通信	南京烽火星空通信发展
中芯国际香港（国际）有限公司	2021 年 3 月 4 日	集成电路	—
国家超级计算济南中心	2021 年 4 月 9 日	计算机	山东计算机中心
国家超级计算深圳中心	2021 年 4 月 9 日	计算机	深圳云计算中心
国家超级计算无锡中心	2021 年 4 月 9 日	计算机	—
国家超级计算郑州中心	2021 年 4 月 9 日	计算机	—
天津飞腾信息技术	2021 年 4 月 9 日	计算机	—
上海高性能集成电路设计中心	2021 年 4 月 9 日	计算机	—
申威微电子	2021 年 4 月 9 日	计算机	成都申威科技

在美国的制裁"号召"之下，欧盟和英国也加入了对华制裁行列。虽然制裁程度较低，目前只采取旅行禁令和冻结资产的措施，但由制裁引发的争议甚至影响到中欧投资协定的进程，一度引发关于中

欧关系发展前景的担忧。此外，个别非政府组织和企业也对这些对华制裁行为有所"响应"，从"良好棉花发展"的会员品牌集体禁用新疆棉到日本番茄酱企业停止进口新疆番茄，这些"自发"的抵制行为在一定程度上在贸易领域掀起了不小的风波。综上，以上举措既是拜登政府就位以来美国和盟友首次在中国问题上采取的联合行动，也是欧盟和英国近三十年来首次就人权问题对中国发起的制裁行动，而且价值观议题也有外溢到经济、贸易领域之势，拜登政府的外交动员能力值得高度关注。

第四，积极联络盟友，协调经济政策。正如拜登在慕尼黑会议上所宣誓的"美国回来了"，拜登的对外经济团队也兑现了这一与盟友紧密沟通、协调经济政策的承诺。财政部长耶伦、贸易代表戴自上任以来，均频繁通过电话或视频会议积极与盟友取得联系，进而在经济事务中协调一致，包括对中国方面进行"合围"。早在 2021 年 1 月 19 日的财政部长听证会上，耶伦便表示拜登政府会更加注重与盟国的合作，进而一齐对中国施压。2021 年 1 月上任后，耶伦便立即与英国、德国、法国和加拿大的四位财长进行通话。2021 年 2 月，耶伦分别与日本、意大利、墨西哥、沙特阿拉伯等多国财长及国际货币基金组织、世界银行等国际组织的负责人共通 10 次外事电话，并在与七国集团财长和央行行长举行的视频会议上，重申了拜登政府的多边主义承诺，强调美国将深化盟友关系，把联盟置于高度优先地位。2021

年3—4月，耶伦共进行了12次通话与3次视频会晤。在上述联络中，耶伦与美国盟友及贸易伙伴就国际贸易及税收、刺激经济复苏、对跨国公司收入进行有效和公平征税等问题积极协调，以展开双边和多边的密切经济合作。

戴自2021年3月18日走马上任后，也迅速展开与盟友及贸易伙伴的视频会晤，其会晤次数至今已有20余次，且多次涉及与中国等"大型非市场经济国家"相关的议题。2021年3月31日，戴还出席了七国集团首次贸易路线部长级会议，就WTO改革、劳工权益等问题建言献策，积极探索与盟友的一致立场。与会各方讨论了"非市场力量"对全球贸易体系的挑战，以及共同促进自由和公平贸易的必要性，并探讨了在数字贸易、妇女经济权益、气候变化、疫后经济复苏等议题上的工作计划。戴一直主张与盟友在贸易政策方面进行协调，以保护环境和应对气候变化，并在当前最为紧迫的疫苗议题上，借助世界贸易组织、全球疫苗免疫联盟等多边平台与盟友积极合作，以推动疫苗增产。

第五，重返多边气候合作，重拾美国气候领导力。拜登政府致力于推动气候国际合作并重塑美国的气候领导力。为了实现这一目标，拜登分别于2021年1月20日和27日发布了2份重要的行政命令，要求全面审查特朗普时期的美国气候政策、重新加入《巴黎协定》、进一步明确气候变化是美国"国家安全"的核心、在白宫设立气候政策办公室、设立国家气候工作组、规范联邦土地的能源开发等等。其中重返《巴黎协定》被视为拜登气候政策中最重要的举措，标志着美国气候政策从怀疑并抗拒全球气候治理到积极参与全球气候治理的回归。

值得一提的是，拜登政府还于 2021 年 4 月 22—23 日"世界地球日"期间召开了领导人气候峰会。这场由世界 17 个最大的经济体和温室气体排放国共同参与、由 40 多位世界领袖共同参加的峰会是近年来在联合国的框架外最具有雄心的多边气候外交活动。两天的会期内美国和与会国共同讨论了"气候雄心"、气候融资、适应与减缓、不同层级的气候行动、气候安全、"基于自然的解决方案"、气候创新、气候与经济等多项重要议题。此次气候峰会虽然并不以取得有约束力的成果为目标，但其所传递出的积极应对气候变化的信息实属近年罕见。会上，美国和其他多个国家宣布了雄心勃勃的新气候目标，以确保占世界经济一半的国家现在承诺在全球范围内减排进而将全球变暖控制在 1.5 摄氏度以内。显然，此次峰会昭示着美国正在重拾其气候领域领导力。

此外，拜登自 2020 年 11 月当选后就首先提名了约翰·克里（John Kerry）担任总统气候问题特使。相比于托德·斯特恩（Todd

Stern）等技术阁僚或者学者出身的多位总统气候问题特使，克里不仅常年担任参议员，还曾担任过参议院外交关系委员会主席和美国国务卿这两个重要职务，可谓既熟悉美国的立法和国会程序，又深谙外交政策和国际关系。拜登提名克里担任总统气候问题特使，赋予后者的使命绝不仅仅是推动气候国际合作这么简单，而是要重新塑造美国在全球气候治理中的形象并在气候国际合作中牢牢占据领导者地位。2021年4月15日，克里访华并与中国气候变化事务特使解振华在上海举行会谈，会后双方发表了《中美应对气候危机联合声明》。由此，气候问题也成为中美两个气候事务大国之间达成的首个意见相对一致的议题。此前克里在履新后还密集地访问了英国、比利时、法国、阿联酋、印度、孟加拉国、韩国并与上述国家的气候变化事务负责人以及欧盟气候专员展开了磋商。克里在过去3个月内的外交努力迅速改善了特朗普执政期间美国应对气候变化的消极形象，美国在气候变化领域的领导力正在有所显现。

结　语

面对疫情导致的"级联"式危机以及美国经济不平等恶化、社会分化和政治极化的局面，拜登政府的百日执政能够做出成绩的空间极为有限。目前来看，拜登政府正在努力阻止美国在疫情防控、经济复苏等维度上出现更为糟糕的局势。

目前来看，拜登的百日新政计划已经取得了一定成效，特别是在防疫、疫苗接种和经济复苏问题上，拜登的承诺也在逐步兑现，一些正在进行的项目也正在有条不紊地推进。拜登及其经济团队发挥优势，把国内经济复苏、联络盟友、重建国际规则和价值观工具四个着力点充分结合起来，形成一张又一张组合牌，明显体现出拜登政府在外交、经济问题上的娴熟和老练。

但是，在拜登推行国内外经济、外交总动员的同时，国内两党、各阶级之间的分歧也不容忽视。拜登已经提出了规模更大的基础设施、就业计划，并可能对国内、国际税收进行改革，如此带来的财政赤字、利益矛盾问题可能难以在短时间内消弭，各方复杂的利益博弈已经在涉及 1.9 万亿美元的救助计划中有所体现。未来的财政如何更加有效地分配且平衡好利益博弈，将是拜登百日新政效果能否持续的前提。此外，国内经济复苏和国际领导力复兴之间关系的妥善处理也是对拜登政府执政智慧的更大考验。

自拜登政府就位以来，中方持续传达出希望中美关系"拨乱反正、重回正轨"的积极意愿并希望与拜登政府展开合作从而推动中美关系健康、稳定向前发展。2021 年 2 月 11 日，中美两国元首电话中就双边关系和重大国际及地区问题深入交换意见，并向世界释放积极信号。两国元首也同意就中美关系和共同关心的问题保持密切联系。作为元首通话所形成指导精神的落实，2021年3月18—19日，两国代表在安克雷奇举行了高层战略对话。中方高层也在多个场合向美国各界申明了中方的一贯立场，表达了积极与负责任的意愿。虽然中方态度明确、积极、负责且具有建设性，但美方的选择特别是能否与中方相向而行仍具有很大的不确定性。随着未来一段时间，中国步入重大的国家议程，拜登政府的对华政策会否陷入所谓"价值观""意识形态"竞争乃至对抗，仍存在着较大不确定性。

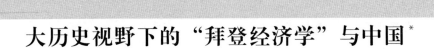

大历史视野下的"拜登经济学"与中国[*]

* 本文由刘元春(上海财经大学校长,中国人民大学原副校长)、刘青(中国人民大学国家发展与战略研究院副院长、教授)代表团队于2021年7月8日发布。

本章聚焦两大问题：一是如何认识所谓的"拜登经济学"，对此我们强调大历史的视野，厘清背后经济思潮的大趋势，进而分析"拜登经济学"的政策目标、政策根源、政策工具、政策效果；二是从中国视角，探讨拜登经济学对我国有何影响。

我们用"拜登经济学"来概括美国拜登政府的经济决策行为与经济政策的关键特征。拉长历史视野来看，拜登经济学意味着对自20世纪80年代以来"里根经济学"所代表的新自由主义经济思潮的背离，是对20世纪30年代罗斯福"新政"至20世纪60年代约翰逊"伟大社会"纲领的回归。其政策目标可以用两个词来概括：一是"以劳工为中心"，即美国国内包容性增长政策，瞄准中下阶层（而非仅仅中产阶层），以促进美国经济、社会、政治的转型；二是"以中国为中心"，瞄准与中国的战略竞争，其中既有国内政策也有国际政策，既有良性竞争的部分也有恶性竞争的部分。背后的政策根源在于美国国内的深刻分裂，包括经济不平等恶化、社会分化、政治极化，以及与中国的战略竞争需要。其政策工具主要包括用以"限高"的加税和加强监管，用以"提低"的福利补贴，用以提高经济竞争力的基建、创新类政府支出及产业政策，以及用以合纵盟友的国际经济合作政策。在政策效果上，从短期看其现金补贴可直接提高居民可支配收入、缓解国内分裂，但从长期来看存在多重不确定性，包括政策制定过程博弈导致的计划落实不确定性、2024年选举导致政治反转的政治周期不确定性以及美国经济政策内在矛盾导致政策不可持续的不确定性。

拜登政府经济政策对我国的影响利弊并存，需要辩证分析、具体对待。总体而言，美国国内扩大支出、促进经济增长的政策，必定在不同程度上提升对我国产品的需求，有利于我国出口，在促进创新等方面的一些良性竞争措施也可能有利于我国技术创新；但其在限制技术交流与扩散、限制国际贸易与投资等方面的恶性竞争措施，以及合纵盟友的"伪多边主义"国际经济合作措施等，将对我国构成挑战。在经济以外的方面，美国重新拥抱国家干预主义、拥抱产业政策，正式宣告了"华盛顿共识"的破灭，将促使世界更加正面思考中国经济发展成就及中国经济治理实践经验。

大历史视野下的"拜登经济学"

　　自 19 世纪 60 年代美国"南北战争"结束，美国逐步实现市场统一以来，美国政府的经济治理思想大体上经过了三个阶段、两轮逆转。一是 19 世纪 60 年代至 20 世纪 20 年代自由放任市场主义阶段，"大萧条"结束了这一思潮。二是 20 世纪 30 年代始于罗斯福"新政"至 20 世纪 70 年代终于"滞胀"的国家干预主义阶段，实现了第一轮逆转。三是自 20 世纪 80 年代"里根经济学"延续至 21 世纪 20 年代初特朗普时期的"新自由主义"，是第二轮逆转。随着 2021 年拜登政府上台，美国政府提出了一系列新的经济政策。美国经济治理思想是否正在进入第四个阶段、实现第三轮逆转、重新偏向国家干预主义？如果是，为什么会再次逆转？

　　美国经济治理中最近的典型国家干预主义实践发生在 20 世纪 60 年代。1964 年 3 月 7 日，接替肯尼迪的第 36 任美国总统约翰逊在俄亥俄大学的演讲中第一次在公众场合提出"伟大社会"（Great Society）概念，延续肯尼迪政府的社会改革理念："我们将共同建设一个'伟大社会'，依靠大家的勇气、同情心和追求，共同建设一个社会，在这里没有儿童会挨饿，没有少年会失学……"1965 年 1 月，约翰逊在国情咨文（State of the Union Address）中正式提出建设"伟大社会"的施政纲领，随后通过了一系列有关利用政府资源支持教育（覆盖小学、中学、大学）、医疗保险与医疗补助、环境保护、最低工资、反贫困（"向贫困宣战"）、民权（反社会隔离、反种族歧视）等方面的立法四百多项，将社会改革运动推向了高潮。本质上，这些改革也是对 20 世纪 30 年代罗斯福"新政"放弃自由放任的市场主义、国家全面干预社会与经济的哲学思想的延续。

在经历了 20 世纪 70 年代的混乱、"滞胀"之后，里根政府在 1981 年 1 月上台执政。"里根经济学"实现了美国政府经济思想的全面反转，重回"小政府"、市场自由竞争的理念。其内容集中体现在 1981 年 2 月里根向国会提出的经济复兴计划要点里面：（1）削减财政开支，特别是社会福利开支，减少财政赤字；（2）大规模减税，降低个人所得税（见图 1）、企业所得税（见图 2）、资本利得税，同时增加企业所得税的抵扣；（3）放松政府对企业规章制度的限制，减少国家对企业的干预；（4）严格控制货币供应量的增长，实行稳定的货币政策以抑制通货膨胀。

然而，新自由主义的"里根经济学"经过 40 年的实践，给收入分配带来的负面影响逐渐显现。法国经济学家托马斯·皮凯蒂（Thomas Piketty）和埃曼纽尔·萨兹（Emmanuel Saez）等人的研究表明，美国贫富差距的扩大始于里根政府开启的减税潮。根据世界收入

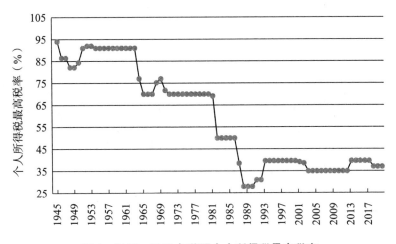

图1　1945—2019年美国个人所得税最高税率

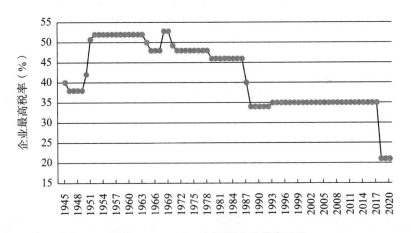

图2　1945—2020年美国企业最高税率

不平等数据库（World Income Inequality Database，WIID）的数据计算发现，20世纪50—60年代，美国平均基尼系数为0.36，而在冷战结束以后的20世纪90年代至今，美国平均基尼系数达到0.40，整体明显提升（见图3）。收入分化引致的社会分裂、民粹主义，最终以特朗普的当选迎来高潮。而"拜登经济学"的使命，则注定在于应对这一局面，应对的方式则是重拾国家干预主义。

图 3　1944—2017 年美国经济不平等状况（基尼系数）

"拜登经济学"的主要内容：政策目标、政策根源、政策工具、政策效果

第一，政策目标可以用两个词来概括："以劳工为中心"和"以中国为中心"。

"以劳工为中心"，即美国国内包容性增长政策，瞄准中下阶层（而非仅仅中产阶层）利益，以缓和美国国内经济不平等恶化、社会分化、政治极化，从而促进美国国内经济、社会、政治的转型。"以劳工为中心"的口号多次明确出现在拜登政府的贸易政策中，而拜登政府之所以挑选凯瑟琳·戴为美国贸易代表，其原因之一也在于戴职业生涯中对劳工阶层利益的强调与维护，例如在《美墨加协定》中成功加入更高标准的劳工条款上所发挥的关键作用。事实上，这一以中下阶层（而非仅仅中产阶层）利益为导向的政策目标不仅限于拜登政府的贸易政策，也是其一系列财政政策、社会福利政策的重心。

"以中国为中心"，即经济政策瞄准与中国的战略竞争，其中既有国内政策也有国际政策，既有良性竞争的部分也有恶性竞争的部分。在竞选期间，拜登便表示："我认为美国的最大竞争对手是中国。"2021年2月4日，拜登在美国国务院发表上任后的首次外交政策讲话时，将中国称为"最严峻的竞争对手"，并表示"我们要直接应对我们最重要的竞争对手中国对我们的繁荣、安全和民主价值观构成的挑战"。美国白宫国家安全委员会在2021年3月3日公布的《过渡时期国家安全战略指南》中也指出中国是唯一具有潜在综合实力来挑战国际体制的美国主要竞争对手。美国关于中国的定位，决定了美国的国内、国际经济政策中中国因素的分量，与中国竞争的意图体现在了美国基础设施、创新、产业及产业链、国际经济合作等一系列政策议程上。

第二，政策根源在于美国国内深刻的分裂及日益激烈的国际政治经济竞争。

当前，美国国内最重要的特征就是分裂，这要求美国必须实施包容性增长政策。其分裂特征在政治、经济、社会的方方面面都有所体现：

一是收入差距持续恶化。表现之一是白领和蓝领之间的收入差距。世界银行经济学家布兰科·米兰诺维奇（Branko Milanovic）在其著作《全球不平等》（*Global Inequality*）中指出，发达国家的低收入阶层的收入在近 20 年中几乎没有增长。OECD 的报告也显示，近 20 余年美国中下阶层的生活状况大致相当于 20 世纪 70 年代后期或 80 年代的水平。J. D. 万斯（J. D. Vance）描述铁锈地带白人工人家庭陷入衰落深渊的回忆录《乡下人的悲歌》（*Hillbilly Elegy*）甫一出版便迅速横扫美国亚马逊、《纽约时报》等重大畅销书榜，也从侧面说明了社会状况和社会心态。表现之二是富人尤其是超级富豪（收入最高的 1％人群）的收入急速增长。2019 年美国收入最高的 1％人群占据了全美国近 1/4 的收入。

二是种族和族群对立、社会分化加剧。近几年美国种族和族群对立日益加剧，黑人和白人民族主义团体数量激增，屡创历史新高。除了"白人至上"和"黑人的命也是命"（Black Lives Matter）、亚裔歧视这类种族对抗外，还有许多其他极端团体如极右翼团体、左翼"反法西斯"群体等都在为美国的种族和族群对立情绪"火上浇油"。上述种种矛盾背后涉及一系列美国社会盘根错节的深层次问题，后果日益凸显。

三是党派斗争加剧，政治"极化"严重。收入差距的扩大以及社会不公感的加深加剧了美国国内的阶级对立和党派分裂，美国两党出现了严重的"为反对而反对"的对立情况。利益阶层的分化带来了政治诉求的分化和极化，在很大程度上，特朗普的上台就是利用了这种社会分裂，并试图以分裂治国。这种极化更是明显地表现在了2020年大选的胶着上，甚至在大选后发生了历史罕见的民众占领国会的"国会山事件"。

四是新冠疫情进一步加剧了美国社会的撕裂程度，财富不平等也进一步恶化。疫情期间，美国的低技能/少数族裔群体在就业市场上所受冲击远大于高技能/白人群体。美国劳工部报告显示，2020年疫情期间，美国低文化水平劳动力的失业率是高文化水平劳动力失业率的2倍以上。根据纽约联邦储备银行的数据，由于股市上涨和刺激措施，遭受大流行病冲击的主要是低薪岗位。自疫情暴发以来，美国人的储蓄比往年多了2.5万亿美元，最富有的10%的美国人的净资产总计增加了8万亿美元以上。疫情期间美国医疗资源和疫苗分配的不平等现象也非常突出，非裔和拉美裔的新冠肺炎死亡率远高于白人，同时疫苗接种率远低于白人。新冠疫情也进一步加剧了党派之间的"角斗"，表现为围绕疫情的国会与行政当局的斗争、众议院和参议院的斗争、联邦政府和州政府的斗争以及两党的"口水战"。

总而言之，经过四十年新自由主义市场化思潮指引下的经济治理，加之特朗普政府及新冠疫情的冲击，摆在拜登政府面前的是一个深陷分裂、充满愤怒的国家。出于修复美国社会，以及更为现实的吸引中低收入群体选票的考虑，拜登政府不得不采取一种更为包容的、以中下阶层利益为导向的经济增长策略。

"以中国为中心"的政策根源于与中国的战略竞争。美国遏华制华意愿高涨，是由两方面原因直接促成的：一是中国经济规模正在迅速接近美国，超过了其三分之二的临界点，挑战了美国经济的绝对优势地位；二是新的科技革命骤然兴起，中国在此次科技革命中前所未有地取得了与美国相匹敌的领先地位，对美国核心优势——技术优势——带来了竞争压力，甚至带来了被中国超越的"意识形态优越性"焦虑。美国政策制定中的这一因素体现在一系列场景中。例如，2021年3月25日，拜登在就任后的首场总统记者会上称在其任内不会让中国超越美国，将与中国展开非常激烈的竞争。2021年4月7日，拜登在推销其基建计划时称中国在数字基建、研发方面的投资迅速，不能"让中国证明是对的"。2021年5月19日拜登视察美国福特汽车工厂、力推"绿色经济"转型时，声称在电动汽车、新能源、可再生能源竞赛中，美国"绝不能输给中国"。2021年6月9日美国参议院通过的《2021年美国创新和竞争法案》更是在科技、产业、教育、安全、贸易等全方位体现与中国的竞争。

第三，政策工具可以概括为：（1）大规模财政支出，特别是社会福利支出、基建支出、科技创新支出等；（2）大规模加税，提高个人所得税、企业所得税、资本利得税；（3）对企业加强监管，加强反垄断，并以产业政策的形式直接介入经济活动；（4）接受适度通货膨胀，维持宽松货币政策和低利率环境；（5）在国际经济合作上以价值观为黏合剂，加强企业所得税、关税、数字税、贸易争端等经济政策的协调。

其一，拜登政府经济政策的一个突出特点是大规模的财政支出，其中又特别向中下阶层福利倾斜，并注重以提高经济竞争力为导向的基建支出、科技创新支出。这些经济政策集中体现于拜登政府提出的几项大规模刺激计划。2021年3月拜登政府通过了涉及1.9万亿美元的《美国救助计划法案》，包含覆盖约90％美国家庭的现金支付，以及加强的失业救助、营养援助、住房援助、医疗保险与补贴、教育补助、税收抵免与家庭信贷等更多惠及中下阶层的措施。2021年4月，拜登政府又提出了新一轮经济刺激计划，该计划大致分为两部分：一是聚焦于基础设施建设的"美国就业计划"，涉及金额为2.25万亿美元，该计划可能成为第二次世界大战以来美国对基础设施和就业的最大投资，并可能创造大量工作岗位；二是有关教育、医疗健康和儿童保育的"美国家庭计划"，金额约为1.8万亿美元。2021年6月9日美国参议院通过的《2021年美国创新和竞争法案》，瞄准美国制造、科技、研发领域，计划投资约2500亿美元。四项刺激计划总金额超

6 万亿美元，规模巨大。

拜登政府的经济刺激计划取得了部分进展，未来落实情况存在高度不确定性。迄今为止，四项计划中唯一得到通过并执行的只有涉及1.9 万亿美元的《美国救助计划法案》，涉及 2 500 亿美元的《2021 年美国创新和竞争法案》预计将顺利完成后续程序，其余两项计划预计在通过过程中都将面临不小压力。最新进展是涉及 2.25 万亿美元的美国就业计划经过一个跨党派参议员小组的谈判，已经缩小为一个 8 年支出 1.2 万亿美元的方案。最终这两项计划方案能否获得通过、以何种方式获得通过，在刺激规模上需要做出多大妥协，都有待观察。

其二，拜登政府经济政策的另一大组成要素是大规模加税，包括提高个人所得税、企业所得税、资本利得税，其目的既在于为财政支出融资，也在于"限高"、缓解社会不平等。2021 年 4 月 7 日，美国财政部公布了"美国制造税收计划"（The Made in America Tax Plan），该计划属于"美国就业计划"的一部分。其中提到的增税具体措施包括两部分。对于企业：（1）将公司税率由 21% 提高至 28%；（2）将美国跨国公司的海外利率的最低税率由此前的 10.5% 翻倍至 21%，同时，为了降低各国间税率的恶性竞争，鼓励全球共同提高最低税率；（3）对那些报告高利润但应税收入少的大公司，对其账面收入征收最低 15% 的税；（4）削减有限责任公司、合伙企业等的税收优惠。

对于富人：（1）提高年收入超过 40 万美元人群的个人所得税税率；（2）扩大遗产税范围；（3）对年收入至少为 100 万美元的个人征收更高的资本利得税。根据美国税收政策中心（Tax Policy Center）的估计，从 2021 年到 2030 年，拜登的企业税计划将筹集超过 1 万亿美元，在此后 10 年内再筹集 1.8 万亿美元。

其三，拜登政府将加强对大企业尤其是科技类大企业的监管，主要方式是反垄断和行业监管，限制大企业在经济中的影响力；同时以产业政策的形式直接介入经济活动。

拜登于 2021 年 3 月和 6 月相继提名哥伦比亚大学法学教授吴修铭（Tim Wu）作为特别助理加入美国国家经济委员会、哥伦比亚大学法学副教授莉娜·汗（Lina Khan）作为美国联邦贸易委员会的新主席，这可视为拜登政府将加强科技反垄断的信号。吴修铭著有《巨头的诅咒》（*The Curse of Bigness*），主张抛弃以"消费者福祉"衡量反托拉斯法的做法，因为"消费者福祉要求法官与律师做一些几乎不可能的事：衡量高度复杂交易或行为的福利效应"。吴修铭认为，应该回复到反托拉斯法原始的立法精神，"由法院评估目标行为是促进竞争的行为，还是压抑甚至摧毁竞争的行为"，重点在于对竞争过程的保护，而非价值的最大化，而主张以反托拉斯法分拆科技巨头。32 岁的莉娜·汗也是主张改变现行反垄断执法、推进科技反垄断的进步运动的领军人物，因 2017 年为《耶鲁法律杂志》（*Yale Law Journal*）撰写的题为《亚马逊的反垄断悖论》（Amazon's Antitrust Paradox）的文章而声名鹊起，长期主张对美国高科技企业开展反托拉斯调查和更严格的监管，曾在众议院司法委员会反垄断小组委员会对科技行业反竞争行为调查中担任助手。二人的立场一反芝加哥经济学派关于反垄断的经济学分析思想，将对美国已酝酿数年的反垄断运动起到有力的推动作用，同时也可能有利于迫使科技巨头配合拜登政府在税收、科技发展、基建、就业等其他方面的经济政策。

加强管制的对象也包括其他众多行业的大型企业。据《华尔街日报》报道，拜登政府将于 2021 年 7 月初签署一项行政命令，要求各机构对由少数公司主导的行业加强监督，监管机构需重新思考规则制定程序，以推动竞争并赋予消费者、劳动者和供应商更多权利来挑战大型生产商。这将是一项涉及范围广泛的尝试，旨在扩大政策制定者应对美国商业集中的方式，不局限于主要阻止大型合并的传统反托拉斯执法，限制大企业在经济中的影响力。航空业、农业等可能首当其冲。

拜登政府同时计划以产业政策的形式直接介入经济活动，尤其是绿色经济领域，涉及新能源车、新能源技术、绿色建筑等，主要体现在其新基建计划中。例如，在该支出计划中，1 740 亿美元将用于为消费者购买电动汽车时提供税收优惠，以及在 2030 年前在美国安装

50万个电动汽车充电桩；该计划将为美国国内相关制造业投资
3 000亿美元，其中包括加强半导体的美国国内生产（500亿美元）、
发展清洁能源（500亿美元）以及为美国国内制造商提供支持等；该
计划还将投资2 000亿美元用于改善美国高速宽带和电网基础设施，
包括加大高伏电缆铺设。

其四，在货币政策上，接受适度通货膨胀，维持宽松货币政策
（见图4）和低利率环境。

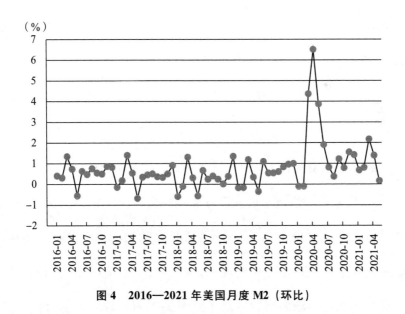

图4　2016—2021年美国月度M2（环比）

截至目前，美联储认为当前的通货膨胀不具有可持续性，是暂时性
通货膨胀，背后是短期内的供需错配。基于此，美联储对美国通货膨胀
保持了极大的耐心以促进就业，并对管理通货膨胀抱有足够信心。事实

上，美联储的货币供给增速已经开始受到控制，虽然并未进入紧缩时代。

其五，在国际经济合作上以价值观为黏合剂，加强企业所得税、关税、数字税、贸易争端以及技术创新等经济政策协调。

拜登政府应对中国的核心策略就是"合纵盟友"，核心杠杆就是价值观。此举一方面可以增强美方的实力地位，另一方面可以避免其他西方发达国家搭便车、钻空子、陷美国自身于不利竞争地位。美国在此策略下推进的国际经济合作主要包括几个方面：一是尽可能平息美国与盟友间的国际经贸争端。典型进展包括：美国和欧盟同意就持续近 17 年的波音、空客飞机补贴争端"休战"，并合作应对中国在飞机制造领域的发展；美国和欧盟同意暂停对红酒、拖拉机、奶酪、烟草和烈酒等产品征收关税五年；欧盟同意暂停因美国对欧盟加征钢铁和铝产品关税而对美国实施的报复性关税措施六个月；等等。二是推动七国集团（G7）达成了有关全球企业税务改革的两点共识：同意将全球最低企业税率确定为 15％，同意对边际利润达 10％以上的跨国企业按其利润加征一定比例的税项。这一共识为美国国内加税计划的推进提供了支持，同时暂时平息了欧洲关于加征数字税的讨论。目前全球 130 个国家就制定一套更平衡的跨国企业税务制度达成协议，同意把最低企业税率定在至少 15％，130 个国家的国内生产总值（GDP）占全球 90％以上，意味着以上共识基本成为现实，朝着就拜登政府国内增收和支出计划的一个关键因素达成最终协议迈出了重要一步。三是推动与欧盟在技术领域的合作以应对中国的竞争。例如，美国和欧盟将成立一个新的高级别贸易和科技委员会（Trade and Technology Council，TTC），目标是促进美国内部、欧盟内部、美国和欧盟之间的创新和投资，加强供应链，避免不必要的贸易壁垒，就相关技术标准进行正式磋商，在科技监管、工业发展和双边贸易领域加强合作，帮助盟友在开发和保护关键及新兴技术方面更好地与中国及俄罗斯竞争，并就数字领域"可能影响美欧国家安全的中国投资"进行审查。四是直接以价值观方面原因拉拢甚至绑架盟友。典型的如以"强迫劳动"为借口抵制新疆棉事件，由美国扩散到数十个西方国家，并由棉花产业扩散到番茄、太阳能等行业。

第四，在政策效果上，短期经济刺激效果显著，长期存在高度不确定性。

自拜登政府执政以来，真正落实的国内经济政策主要是涉及1.9万亿美元的《美国救助计划法案》，以及一直维持的宽松货币政策。在税收方面，虽然G7及全球130个国家达成了全球最低企业税率15％这一共识，但拜登政府的其他加税计划遇到重重阻力，实现程度不免会大打折扣。

目前来看，短期经济刺激效果显著。救助计划中覆盖约90％的

家庭的每人高达 1 400 美元的直接现金支付、联邦政府每周增加 300
美元的失业救济金、对年收入低于 15 万美元的家庭免税发放价值
1.02 万美元的福利、营养与住房援助、教育补助、医疗保险与补助
等均是直接提升居民收入、降低居民生活成本的举措,在短期内直接
提高了居民可支配收入、缓解了美国国内分裂尤其是新冠疫情冲击带
来的进一步分裂。在宽松财政与货币政策以及疫情防控的共同作用
下,美国经济得以重启,经济实现快速反弹。根据美国经济分析局的
估算,2021 年第一季度美国 GDP 的增长率为 6.4%。牛津经济研究
院预测,2021 年全年,美国 GDP 将强劲增长 7.5%。根据美国劳工
部公布的数据,美国 2021 年 5 月失业率下降至 5.8%,相比于 2020
年 4 月的失业率最高点 14.7%,实现了大幅下降(见图 5)。美国制
造业与非制造业 PMI 也显著抬升(见图 6)。

　　拜登经济政策长期效果存在多重不确定性:一是拜登政府的经济
刺激计划本身不持续(多为短期计划,尤其是需要长期投入的资本支
出项目本身不持续)导致的计划执行不确定性。二是后续刺激政策制
定中的两党博弈导致的计划落实不确定性。这是民主党、共和党在参
议院、众议院基本势均力敌以及政策博弈激烈的必然结果。2.25 万亿
美元的"美国就业计划"基本被腰斩为 1.2 万亿美元,即是一个典型
案例。随着中期选举、2024 年大选的临近,两党的博弈只会更趋激
烈。众议院议长南希·佩洛西(Nancy Pelosi)2021 年 6 月 24 日推动

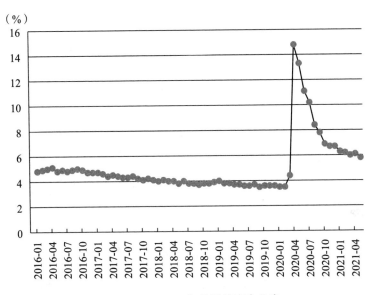

图5　2016—2021年美国月度失业率

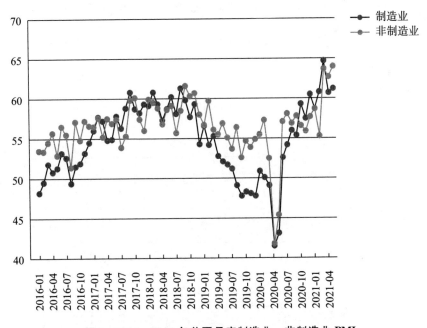

图6　2016—2021年美国月度制造业、非制造业 PMI

成立独立调查委员会进一步调查 2021 年 1 月 6 日 "国会山事件"，就能体现这一点。三是 2024 年大选政治反转的概率导致的政治周期不确定性。鉴于当前美国社会状况，2024 年特朗普卷土重来的概率并不能排除。只要这一概率存在，美国当前政策反转的不确定性就始终存在。四是拜登政府经济政策内在矛盾导致的政策不可持续的不确定性。拜登政府集中推出的大规模刺激性政策，更多的是出于社会原因或者政治原因，既是为了弥合社会分裂，也是基于对未来选举的考虑，但经济运行有其内在规律，这些刺激措施高度依赖政府支出，会造成多方面的影响，必然受到内在规律的掣肘，从而限制了当前政策的可持续性。其一，短期内的巨额财政支出导致美国政府债务迅速增长，不仅总体财政压力大，而且债务期限结构恶化。根据 OECD 数据，美国总体政府债务占 GDP 比率从 2019 年的 135％ 急速上升至 2020 年的 160％，创历史新高（见图 7）。根据美国白宫预算管理局的

图 7　2000—2020 年美国政府债务占 GDP 比例

数据，美国联邦政府财政预算赤字占 GDP 的比重已从 2019 年的 4.6％急速上升至 2020 年的 14.9％和 2021 年的 16.7％，而截至 2021 年 6 月底，美国联邦债务也创历史新高，总额突破 28.45 万亿美元。计划中的进一步刺激政策可能会进一步推高赤字率。其二，财政扩张与宽松货币政策导致通胀迅速上升，资产价格泡沫也迅速壮大，使美国货币政策面临转向、利率提升的压力，形成对美国及全球金融市场的威胁。美国 2021 年 5 月的消费者价格指数（CPI）同比增长 5％（见图 8），创 2008 年以来新高，核心 CPI 同比上涨 3.8％，创 1992 年以来新高；2021 年 5 月生产者价格指数（PPI）同比上涨 6.6％，为美国统计局自 2010 年有可比数据以来的最大增幅。而在美国加征关税以及全球产业链受阻导致供给受限的背景下，美国的进口价格指数也在 2021 年 4 月同比大幅上升至 10.6％，美国通过进口物美价廉

图 8　2016—2021 年美国月度 CPI 同比增长率

的世界商品抵消国内通胀压力的渠道也被堵死。美国的资产价格也在过去一年大幅上涨，美国主要股指自 2020 年 3 月以来的涨幅均超过 70％，美股市盈率达到历史高点，泡沫化明显。2021 年 4 月美国房价、二手车价格也分别同比大幅上涨 16.2％和 21％。其三，在为了给财政支出融资的加税计划上，拜登政府本计划将企业税从现在的 21％提高至 28％，提高跨国公司在海外投资和盈利的税负，提高年收入超过 40 万美元者的个人所得税税率，这些做法可能反过来削弱经济活动。总而言之，政府财政赤字及债务期限结构恶化、加税、提高利率的潜在多重打击，很有可能会对美国经济及金融带来重大冲击。

对中国的影响

拜登政府经济政策对我国的影响利弊并存，需要辩证分析、具体对待。总体而言，美国国内扩大支出、促进经济增长的政策，必定在不同程度上提升对我国产品的需求，有利于我国出口，在促进创新等方面的一些良性竞争措施也可能有利于我国技术创新；但其在限制技术交流与扩散、限制国际贸易与投资等方面的恶性竞争措施，以及合纵盟友的"伪多边主义"国际经济合作措施等，将对我国构成挑战。在经济以外的方面，美国重新拥抱国家干预主义、拥抱产业政策，正式宣告了"华盛顿共识"的破灭，将促使世界更加正面思考中国经济发展成就及中国经济治理实践经验。

（一）美国扩大支出的政策会提高我国的外部需求，对不同行业带来不同程度的出口利好

第一，对居民的补助有助于直接提高美国对我国消费品行业的需求。受拜登刺激计划影响，美国居民消费需求大幅提升。但在产品供给端，囿于短期内资源限制和供应链尚未恢复等因素，美国制造企业的生产能力尚不足以满足激增的消费需求，转而表现为对中国消费品进口需求的大幅提升。美国2021年3月进口额增加的商品包括服装、家具、玩具、半导体、汽车、石油产品和电信设备。分大类来看，进口品中工业物资和原材料进口增长37亿美元，资本货物进口增长33亿美元。相比之下，消费品进口增长最为迅猛，增幅达45亿美元，其中纺织服装和家庭用品进口增加了12亿美元，这些历来都是中国对美的重点出口商品。

第二，基建相关行业，尤其是机械设备行业需求有望提升。2020年，中国对美出口中60%以上属于"基建相关出口"，相应规模达到2 950亿美元，其中最为相关的六大行业分别为机械设备、塑料及橡胶产品、化学工业品、矿物品（如水泥和玻璃）、金属产品和运输设

备。这六大行业中又以机械设备行业规模占比最高，占到中国对美国出口规模的44%左右。如果此番拜登政府基建投资承诺能够得以有效落实，中国基建相关出口行业有望受益。

如果假定拜登基建计划投资在未来8年内每年平均分配，再假定中国基建相关行业收入增速维持在过去5年复合增长率不变，据此估算，未来8年美国对中国进口有望拉动上述基建相关六大行业收入增速每年提高约0.12个百分点，对中国机械设备行业收入增速提升更是可以达到0.24个百分点。

第三，新能源、绿色能源领域短期有望合作，但包括新能源的科技领域中长期竞争加剧。除了传统基础设施建设，拜登政府刺激计划的重点目标还包括科技创新、新能源和绿色能源领域。拜登基建计划的核心目标之一是让美国在2050年实现碳中和、能源部门2035年实现零碳排，这些目标都是与中国"2030年实现碳达峰"以及"2060年实现碳中和"的设想一致的。从这一共同愿景来说，中美两国在绿色能源领域有望展开竞争与合作，中国在部分领域将受益。

中国的电池及发电设备行业已经具备一定先发优势。2020年中国已经赶超日本、韩国从而成为全球最大的动力电池生产国。当前美国的电力设备进口主要来自中国，2017年美国从中国进口了218亿美元电力设备，其中输变电设备占73%，发电设备占17%。虽然拜登曾于 2021 年 3 月出台过行政命令，试图限制美国从中国进口电动汽车大容量电池，但短期内美国很难摆脱对中国电池的依赖。

尽管短期部分行业可能受益，但从中长期来看，中美在新能源、高科技领域的竞争只会愈演愈烈，新能源汽车可能成为中美两国激烈竞争的主战场之一。拜登的基建计划中有 1 800 亿美元直接用于研发投入，重点领域包括人工智能、5G 技术等。拜登计划中的这些目标在很大程度上和我国在"十四五"规划中提出的建设现代化基础设施体系，特别是围绕强化数字转型、智能升级、融合创新支撑，布局建设信息基础设施、融合基础设施、创新基础设施等方面强化建设的设想十分接近。可以预计，未来中美两国在高科技领域的竞争将日趋激烈。其中，新能源汽车可能成为中美两国激烈竞争的主战场之一。在拜登的基建计划中，从短期的"制定更加严格的燃油排放标准，确保100％新销售的轻型/中型车辆实现电动化"到中长期的"2030 年底前部署超过 50 万个新的公共充电网点，同时恢复全额电动汽车税收抵免"，足见美国政府在发展新能源汽车上的决心。

第四，美对华逆差可能再创新高，中美贸易摩擦可能加剧。拜登政府出台的消费者补贴政策直接刺激了美国对中国商品的进口需求，由此导致美国对华逆差再度扩大。美国商务部公布的美国 2021 年第一季度贸易数据显示，美国 2021 年 3 月贸易逆差由 2021 年 2 月的

705 亿美元扩大至 744 亿美元，这是自 1992 年 1 月以来的最高水平，比 2020 年同期增长了 57.6％。其中，美国 2021 年 3 月商品和服务进口增长 6.3％，达到 2 745 亿美元。拜登政府出台的消费者补贴措施直接刺激了美国对中国进口商品的需求，2021 年 3 月美国对中国的贸易逆差增加了 67 亿美元，达到 369 亿美元，环比增长 22％。此外，如果未来美国经济预期好转，美元汇率走强进一步刺激美国进口，美国贸易逆差还将扩大，由此可能再度激化中美贸易摩擦。

（二）美国对其国内企业大幅增税对我国的影响

第一，美国企业短期内生产成本可能上升、盈利能力可能受损，从而将有利于我国企业的国际扩张。拜登政府针对企业的加税措施无疑会增加企业成本、压低企业利润，这也会在一定程度上抑制企业竞争力及资本支出意愿。此外，由于高市值的大型跨国公司是此番重点加税对象，因此美股的波动可能因此加大。给定美国企业未来海外收入占比不变，单就企业所得税税率上调（由 21％上调至 28％）和企业海外利润所得税率上调（由 10.5％上调至 21％）这两项影响，预计 2021 年标普 500 指数公司总净利润将降低 1 170 亿美元（7.8％），净利润增速将由 31.7％降至 21.4％。美国企业的短期竞争力下降、利润承压，这将有利于我国企业的国际扩张。

第二，美国公司在华投资业务可能受到影响。为鼓励美国企业在本土投资，拜登政府对美国企业的离岸、外包业务进行了诸多限制，包括：（1）取消美国企业在海外投资前 10％ 收益不纳税的规定；（2）针对外包企业此前享受的一些政府税收抵扣，拜登提议对此进行限制；（3）此外，为防止美国企业通过跨境并购逃税，拜登还提议增大企业跨境并购的难度。这些举措都会影响和限制美国企业在华投资、并购等业务。

第三，美国可能开启全球加税周期，从而对我国国内税收政策将造成干扰。自 20 世纪 80 年代以来，各国为吸引跨国公司投资纷纷降低企业所得税税率。但 2008 年金融危机后，欧美等国财政压力陡增，如何在维持国家竞争力的同时保护企业税基成为一个两难选择。OECD 于 2020 年 10 月曾提出要在全球推行一个最低税率，防止跨国公司通过转移利润侵蚀税收。拜登此番增税措施中重要的一条就是呼吁全球共同提高最低税率，以缓解全球范围内税率的恶性竞争。在此背景下，中国当前面向企业的大规模减税降费政策可能面临来自美国及其盟国的压力。但从积极一面来说，这也为中国稳步退出大规模减税降费政策提供了外部基础，有助于改善中国宏观税负压力。

（三）美国刺激政策对我国宏观经济的外溢效果

第一，美国国内通胀上升带动全球大宗商品价格上涨，可能影响我国通胀预期与水平。美国前财政部长劳伦斯·萨默斯从产出缺口角度衡量了这次拜登政府刺激计划的力度。他指出刺激计划已经超出预期产出缺口两倍，由此可能引发这一代人从未见过的通胀压力，从而威胁金融稳定，并挤压美国公共投资的空间。美联储主席鲍威尔也表示，预计经济复苏将在未来数月引发通货膨胀。美国 2021 年 4 月 CPI 同比上涨 4.2%，PPI 同比上涨 6.2%，已显露通胀苗头。此外，美国大规模的刺激计划还可能通过基建投资需求拉动和流动性宽松这两个渠道推高全球大宗商品价格。在近期大宗商品期货市场上，以原油为代表的铁矿石、焦煤、玻璃、线材、热轧卷板和螺纹钢等品种的价格已经出现全线大涨。全球大宗商品价格上涨可能阶段性地推升我国 PPI，同时给我国企业生产经营带来压力。例如，2021 年 4 月我国 PPI 已同比上涨 6.8%，涨幅较 2021 年 3 月加快 2.4 个百分点，创 2017 年 11 月以来新高。

第二，美国利率上升可能传导至其他国家，同时不排除美国经济陷入二次衰退的可能性，从而对我国利率水平及外部环境造成冲击。

一旦美国通胀在经济复苏根基尚不稳固的背景下突然走高，不排除美联储提前进入加息周期。此外，出于对美国经济复苏的预期，美国的长期利率已经开始上升。一方面，作为对美国利率上升的应对，各国可能陆续提高本国利率以防止资本外流，这将抑制全球经济复苏，也影响我国国内利率政策。另一方面，对于美国自身，如果加息势头延续，再叠加对美国企业、富人大幅增税的效果，可能给美国企业、股市和房地产市场带来多重打击，最终造成美国经济的二次衰退，冲击全球经济，影响我国外部经济环境。

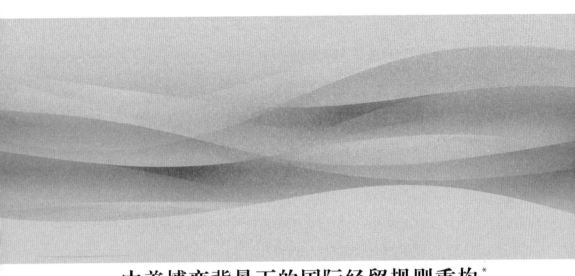

中美博弈背景下的国际经贸规则重构[*]

* 本文由王孝松（中国人民大学国家发展与战略研究院研究员、经济学院教授）代表团队于 2021 年 8 月 30 日发布。

　　长期以来，国际贸易对世界经济的发展发挥了重要的推动作用。在贸易发展的实践中，受到世界各国普遍认可的国际经贸规则也逐步建立起来。世界贸易组织（WTO）及其前身关贸总协定（GATT）是二战后国际经贸规则体系的核心。WTO 既是一个多边贸易体系的制度框架，又是一个全球贸易治理的规则集合体，在推进贸易自由化、规范和约束贸易行为以及解决经贸争端等方面发挥了不可替代的作用。因此，WTO 改革及规则调整成为国际经贸规则重构的核心内涵与集中表现。

　　总体来看，美国多年来扮演着规则制定者和维护者的角色，因此熟悉国际经贸规则的每个方面，并充分利用规则维护自身利益。在逆全球化的背景下，特朗普及其内阁抛弃自由贸易信条和多边机制，试图以破坏的方式重塑国际经贸规则；拜登总统上台之后，又非常重视多边贸易体系，重构国际经贸规则的热情高涨，希望联合欧盟、日本等经济体，形成发达国家之间的闭合经贸网络，并建立起更高标准的规则体系。

然而，当前美国在各个领域的相对实力已今非昔比，其领导能力和规则制定能力不断衰弱，在国际经贸规则重构的进程中，美国无法取得绝对的领导地位。美国的贸易政策，特别是针对全球贸易体系的相关政策，既有延续性，又深深打上了总统和主要贸易官员的烙印。

中国是世界贸易体系中最为重要的国家，无论是贸易体量、贸易结构，还是在全球价值链中的地位，都能展现出中国的优势地位。并且中国对外贸易的发展势头良好，在率先控制住疫情的基础上不断加强了自身的优势。以往，中国是国际经贸规则的接受者，在世界经济体系中的话语权十分有限。随着经济实力的提升，中国更为积极地参与国际经贸规则重构，为世界经济提供了丰富的公共产品，并且在重构过程中，中国代表了广大发展中国家的利益，为国际经贸规则重构提供了中国智慧和中国方案。

但中国对外贸易发展起步晚、制度建设滞后，在改革开放的进程中还存在较多亟待解决的问题，在一些领域还存在同市场经济发展方向相悖的制度和惯例。而且由于意识形态的差异，中国时常会遭到西方国家的打压和排斥。中国也未能在国际社会中充分掌握舆论话语权，提出的倡议和方案只能获得一部分发展中国家的支持和响应，而另一部分发展中国家对中国方案的认同度较低，中国在经贸领域的朋友圈亟待扩容。

国际经贸规则重构正在深刻影响各国经济战略目标的调整和实现。面对更趋复杂的国际经济环境，我国要增强紧迫感，要积极参与其中，以自身发展去适应规则变化，以自身发展去引领规则重构。为此，中国各界未来需要以追求"包容性利益"重构国际经贸规则，既要坚定维护自身的核心利益，也要承担与大国地位和自身实力相称的国际义务；要顺应全球范围自贸区蓬勃发展的大势，加快实施自由贸易区战略，在区域和双边层面推进贸易投资自由化和便利化，参与和引导国际经贸新规则的制定；中国各界还应以加快国内改革来适应国际经贸规则变迁，同时加强对国际经贸新议题的深入研究，提升参与国际经贸规则制定的能力。

国际经贸规则重构的新动向

（一）重构的含义

国际经贸规则是经济全球化发展的产物，是在世界各国经贸往来日益密切背景下逐渐产生和完善的。国际经贸规则对国际经贸关系具有促进、约束、缓和及调整的作用，通过制定规则来协调相互关系和利益，保障了国际经贸往来的有序进行。二战之后，以 GATT/WTO 为代表的多边贸易体制，以市场经济体制为基础，进行了八轮多边贸易谈判，确立了一整套国际经贸原则与规则，推进了各国市场的开放和有序竞争，在推动世界经济与贸易发展方面发挥了重要作用。

国际贸易格局的演变及国际经贸规则的重构，归根到底是由国际产业结构的调整和各国产品的国际竞争力决定的。随着经济全球化的深入，全球价值链的发展改变了世界贸易的本质。运输及通信成本的降低使跨国公司能够掌控全球价值链，通过企业内贸易和供应商之间的网络在不同国家寻求比较优势，推动全球贸易-投资-服务日益紧密结合。全球价值链的发展增加了国际商业的复杂性，使各国间的贸易投资关系更加密切和复杂，使各国贸易政策和国内政策之间的边界变得模糊，从而产生了政策合作的需要，产生了制定新规则和新纪律的需要。新一轮国际经贸规则重构就是通过新的贸易谈判，扩大经贸规则调整范围，提高经贸规则约束水平，以满足全球价值链的发展对制度的需求。

总体来看，当前国际经贸规则重构是积极的，代表着经济全球化更高阶段的发展要求，是以调整和变革来适应经济全球化的新形势、应对经济全球化的新挑战，其基本目标在于降低或取消各种市场壁垒，维护一个更加自由开放的国际经贸体系。继续消除各种贸易与投资壁垒，推动全球范围的贸易投资自由化和便利化，对于金融危机后世界经贸发展具有重要意义。

从现实发展来看，多边贸易体系经历了 70 年的发展，呈现出阶段性变化：国际经贸规则的制度框架呈现从多边主义到区域主义的变化；制定规则的集合体不断扩展，规则话语权也发生了显著变化；全球贸易治理也在自由贸易与保护贸易之间交叉前行，而逆全球化动向又导致贸易保护主义盛行，给国际经贸规则重构增添了较多困难和不确定性。

当今世界正面临百年未有之大变局，国际规则正发生深刻变化，全球由"经济之争"转向"规则之争""制度之争"，并引发全球产业链体系的分化与重构。特别是当前疫情叠加，势必加剧大国博弈、重构世界规则格局。尽管目前全球多边、诸边与双边贸易体制并行发展，但以 WTO 为代表的多边贸易体制的领导力在逐步减弱，高标准的自由贸易协定逐渐引领国际经贸规则的重构。

自 2018 年以来，中国、美国、欧盟以及日本等经济体都通过双边及区域谈判布局以及发布提案、声明等方式，增强各自在全球贸易体系中的影响力。2018 年 3 月 8 日，在日本的主推下，除美国外的原 TPP 协议 11 国在智利首都圣地亚哥签署了《全面与进步跨太平洋伙伴关系协定》（CPTPP）；2018 年 7 月 17 日，日本与欧盟签署了《经济伙伴关系协定》（EPA），建立起一个覆盖 6 亿人口、GDP 总量占到全球三分之一的自贸区。2018 年 10 月 1 日，美国宣布与墨西哥、加拿大达成《美墨加协定》（USMCA），并以此取代原有的《北美自由贸易协定》（NAFTA）。2020 年 11 月，东盟十国与中国、日本、韩国、澳大利亚和新西兰的《区域全面经济伙伴关系协定》（RCEP）已完成签署，同时中日韩自贸区也在全力推进。

此外，在多边贸易体制遭遇单边主义和贸易保护主义严重挑战之际，各国也在加大推进 WTO 改革的力度。2018 年 11 月，中国、欧盟、加拿大、印度、澳大利亚、韩国、墨西哥等成员向 WTO 提交了关于争端解决上诉程序改革的联合提案，并在 12 月的 WTO 总理事会会议上发表联合声明。欧盟 11 月还与美日两国正式向 WTO 提交了一个有关透明度的联合提案。这些都向人们展现出一幅国际经贸规则重构的全景图。透过这些重大谈判，新一代国际经贸规则和标准正在酝酿和形成中。

（二）重构的成因

1. 逆全球化思潮蔓延

全球金融危机爆发之后，美欧主要国家推进全球化的意愿减弱，形成了一股逆全球化思潮，并逐渐升级为一些经济体的国家意志和政府政策。总体而言，经济全球化促进了世界范围内资源的优化配置，提高了国家间分工与合作的效率，增进了世界人民的福祉。然而，全球化进程也导致世界范围内出现了全球化赢家与输家之间的结构性对立。如果把全球化视为一种现代化进程，那么"现代化输家"理论总体上可以解释逆全球化思潮出现和涌动的原因。所谓"现代化输家"，是指在西方经济、社会、文化与政治持续变迁过程中出现的，不能适应现代化进程，地位与声誉受到影响并遭受社会排斥的收入低、受教育程度低的群体。这个群体表现出反全球化和反精英的态度。

危机的蔓延导致失业和贫困加剧，而难民问题和移民问题则进一步恶化了形势，成了"压垮骆驼的最后一根稻草"。2016年，英国公投选择脱离欧盟，具有反全球化倾向的特朗普当选美国总统，欧洲一些国家民粹主义政党强势崛起。美欧的这种政治变动，折射出经济全球化在这些国家的民意基础发生了深刻变化。由于国内阶层分化、社会分裂日益严重，人们开始质疑甚至反对全球化，于是民粹主义、保守主义、孤立主义等呼声四起。当这股思潮通过民众的选票上升为国家意志和政治行动的时候，就演变成了逆全球化思潮，曾经的"地球村"观念在一些国家正在被贸易保护、边境修墙、控制移民等思潮掩盖。逆全球化思潮的盛行，客观上要求现有的国际经贸规则进行调整，这也成为规则重构的现实背景。

2. WTO 面临的困境

GATT 曾经组织过八轮贸易谈判，在世界范围内大幅削减了关税和非关税壁垒，极大地促进了全球贸易的发展。1995 年，WTO 成立，其目标是建立一个完整的包括货物、服务、与贸易有关的投资及知识产权等更具活力、更持久的多边贸易体系，并维护 GATT 贸易自由化的成果和乌拉圭回合多边贸易谈判的所有成果。长期以来，维护以 WTO 为核心的多边贸易体制，对于促进国际贸易及世界经济稳定发展具有重要意义。WTO 为解决全球贸易争端创造了新的机制和程序，包括设置争端解决机制及其上诉机构，确立了具有国际法强制执行效力的裁决机制。

然而近年来，WTO 面临"内外交困"，不仅在应对不断蔓延和发酵的贸易保护主义方面表现失灵，而且制度性缺陷也严重阻碍了WTO 功能的发挥，已不适应新的国际关系的发展。

面对日益高涨的贸易保护主义，WTO 无力塑造适应全球经济新变化的多边贸易规则，导致近年来区域主义开始盛行，签订区域贸易协定的国家数量激增且协定签署进程加快，并催生出大量区域贸易协定。同时，全球出现了众多既参与多边贸易制度又签署区域贸易协定的双重身份成员，全球贸易发展日趋复杂化，世界贸易进入碎片化时代。

自WTO成立以来，其最为权威且有效运作的部分就是争端解决机制。其中，上诉机构肩负重要使命，有"世界贸易最高法院"之称。自2019年以来，上诉机构停摆，加剧了案件积压，从而削弱了WTO作为贸易争端调停者的公信力。

2019年12月11日，WTO上诉机构因美国的刁难导致法官人数不足而陷于停摆。上诉机构停摆后，作为争端解决机制中"一审"的专家组程序仍可以运转。但如果争端方提出上诉，专家组裁决将因上诉程序不能完成审理而无法生效，从而导致争端解决机制难以运转。同时，缺少了作为"二审"的上诉程序，争端方无法得到上诉救济，专家组的规则解读和裁决结果也就失去了纠错机制。上诉机构的瘫痪，削弱了WTO成员履行义务的能力，侵蚀了基于规则的多边贸易体系，将导致WTO成员之间的争端无法得到有效处理，从而不利于世界贸易的正常运行。

除此之外，WTO面临的困境还体现在：发展中成员不能有效参与WTO的决策，与此同时，非政府组织积极要求参与WTO的有关事务。此外，在WTO行使谈判、实施协议、解决纠纷等职能时，也会遇到效率低下甚至无法推进的情形。WTO面临的内外困境实际上是国际社会面临的一些主要问题在国际经贸关系中的表现，因此，WTO所面临的困难将长期存在。

3. 旧规则的问题不断暴露

既有规则的问题主要体现在协商一致的决策程序、强制性争端解决机制、一揽子承诺无法落实，以及对发展中成员的特殊和差别待遇上。

第一，WTO采取了协商一致的决策机制，只要没有成员正式反对，就可以通过相应的决策。从决策机制的历史发展角度而言，协商一致的决策机制第一次在决策过程中考虑到了所有成员的意见，并且试图统筹兼顾，但协商一致的决策机制本身并没有规定投票或者具体的决策规则。

第二，强制性争端解决机制未必适用于所有问题。WTO成立于20世纪90年代中期，当时国际社会的主流观点倾向于采取法治方式规范国家间关系。作为一个规范国际贸易关系的国际组织，WTO也制定了一系列具有法律约束力的国际条约。

然而，对于很多议题而言，WTO面临的问题可能仅仅只是需要加强协调，进行政策微调即可，并不需要强制性的争端解决机制。在这方面，WTO需要缔结一些不受争端解决机制规范的协定，或者制定一些形式比较灵活的指导意见供WTO成员参考。

第三，一揽子承诺不能适应 WTO 的复杂现实。到目前为止，WTO 采取了一揽子承诺的方式。在乌拉圭回合以及多哈回合期间，GATT/WTO 的谈判专家们采取了"要么全部成功，要么全部失败"的谈判规则，这主要是针对谈判结果而言的，而不是涉及 GATT/WTO 成员所适用的法律规则，于是所有 GATT/WTO 成员都适用和遵守相同的规则。虽然乌拉圭回合期间缔结的协定对所有 WTO 成员都具有法律约束力，但实际上，很多规则仅对个别成员有效，例如减让承诺、加入议定书、特殊和差别待遇，以及 WTO 义务的豁免条款等。这确保了法律规则的统一，但也导致了在 WTO 体系内越来越难以达成新协定。

第四，对发展中成员的特殊和差别待遇有待落实。目前 WTO 体制内谈判面临的一个主要问题就是发展中成员要求特殊和差别待遇。在现实中，发展中成员的资格由自己认定，超过 80％的 WTO 成员都认为自己是发展中成员。由于 WTO 成员间存在很大的差异，应当考虑到上述现实而要求在成员间公平地分担责任。实际上，联合国有关气候变化的谈判其实也是相似的情况，各国都应当结合自身的具体现实做出减排承诺。

4. 多哈回合停滞不前

2001 年 11 月，在卡塔尔首都多哈举行的 WTO 第四届部长级会议启动了新一轮多边贸易谈判，又称"多哈发展议程"或简称"多哈回合"。多哈回合的宗旨是促进 WTO 成员削减贸易壁垒，通过更公平的贸易环境来促进全球特别是较贫穷国家的经济发展。谈判包括农业、非农产品市场准入、服务贸易、规则谈判、争端解决、知识产权、贸易与发展以及贸易与环境 8 个主要议题。多哈回合虽是多边谈判，但真正的谈判主角是美国、欧盟以及由中国、巴西、印度等发展中成员组成的"20 国协调组"。

多哈回合按计划应在 2005 年 1 月 1 日前结束，但因涉及各方利益的进退取舍，多哈回合自启动以来，谈判进程一波三折。多哈回合谈判涵盖约 20 个议题，包括农业、非农产品市场准入、服务业、规则、贸易便捷化等。其中农业和非农产品市场准入被认为是最关键、也是 WTO 成员分歧最集中的两个议题。这两个议题若得不到解决，其他议题的谈判便无法取得进展。

在谈判进程中，虽然各成员方的分歧非常复杂，但主要还是发达成员和发展中成员之间的分歧，它们之间的发展水平不同，因此利益和需求也不同。美欧等发达成员的主要目标是进一步打开发展中成员的工业品和服务市场，而发展中成员则希望美欧降低农业补贴并开放农业市场。

历经多年，多哈回合谈判并未取得实质性进展，这使各成员方对 WTO 的权威性提出质疑，甚至一些成员的贸易政策重点已从多边转为双边、单边，从而进一步加剧了世界贸易体系"碎片化"的特征。

(三) 如何重构

从大方向来看，在新一轮贸易规则重构中，推动市场进一步开放、削减贸易与投资壁垒仍是规则制定与完善的基本方向和核心。无论是传统议题还是新议题的谈判，都力求实质性地消除现存的贸易与投资壁垒，提高全球市场的相互开放程度。而无论是多边、诸边还是区域、双边层面的贸易谈判，也都是在以不同方式推进全球和区域市场开放。从具体领域来看，争端解决机制的调整与完善、非正式磋商机制的使用、农业和渔业等领域的补贴、区域贸易协定以及数字贸易规则，是目前经贸规则重构的焦点问题，各成员方对这些议题存在着严重的分歧与冲突，导致规则重构的过程异常艰辛。

1. 争端解决机制的调整与完善

多年以来，争端解决机制在处理成员方贸易冲突方面发挥了非常显著的作用，是 WTO 规则体系中十分重要的组成部分。然而，磋商程序时间过长是该机制固有的缺陷，当一方故意拖延时，另一方无法做出有效的应对，而且强势一方往往对弱势一方施压，逼迫其达成不公平的和解方案。同时，专家组成员是兼职身份，无法全身心投入解决案件，会影响案件审理效率，并且专家组程序的透明度也一直被各界诟病。更为重要的是，争端解决的时间过于冗长，救济结果存在明显的滞后性。

未来的改革方向是缩短磋商期限，借助网络视频会议等手段大幅降低时间成本。与此同时，将专家组改为如同上诉机构一样的常设机构，可以有效地提升专家组的公正性和效率。进一步地，专家组程序需要更详细的程序性规则进行约束，从而提高专家组程序的透明度。

此外，包括遴选上诉机构成员在内的许多事务，往往会持续受阻，无法达成最终结果，其根源在于 WTO 的协商一致原则，谈判各方往往会僵持不下，从而导致议题半途而废。在 WTO 成员方数量不断增长的背景下，改协商一致原则为多数票原则是未来的发展方向。

2. 非正式磋商机制

在多边贸易体系运行的实践中，成员方常常进行非正式磋商，作为部长级会议和专门委员会会议的补充，并起到了较为重要的作用。但近年来，非正式磋商机制受到了严重阻碍，包括绿屋会议在内的非正式机制饱受诟病，曾经在一些议题中发挥过关键作用的非正式谈判一度被搁置。

2021 年 3 月，WTO 遴选出的新任总干事伊韦阿拉女士上任，她态度积极、政策开放，为 WTO 改革等多边工作带来了新的动力。新总干事上任之后不久，WTO 非正式磋商机制恢复，由澳大利亚和南非牵头成立了"桥梁搭建"小组（Bridge Building Group），该小组包括 20 个成员。同时在该小组下成立了新冠疫情应对分组，该分组包括 19 个成员，由牙买加和新加坡召集。目前，该机制每周召开一次会议，地点在 WTO，由 WTO 秘书处提供技术支持，每次会议总干事均参加。非正式磋商机制的重启，将会使 WTO 的谈判、磋商和约束功能重新走上正轨，为推动全球贸易发展做出贡献。

3. 农业、渔业等领域

多哈回合未能达成一致意见的主要领域便是农业和农产品贸易的自由化，主要涉及市场准入、出口补贴和国内支持三个方面。以中国、印度为代表的"21 国集团"及其他大多数发展中成员明确反对欧盟和美国提出的农产品贸易自由化方案。以澳大利亚为代表的凯恩斯集团则极力推崇农产品贸易自由化。欧盟和美国等发达成员既希望保留补贴农业的权利，又希望在世界范围内消除农产品市场准入限制，使其农产品获得更广阔的市场。在农业议题上的分歧，多次导致多哈回合谈判中止。

2021 年 11 月底，WTO 第 12 届部长级会议（MC12）将在瑞士日内瓦召开，这将为推动 WTO 改革提供新的契机。目前正在进行的多边谈判有渔业补贴、农业粮食安全（包括印度关心的粮食公共储备，以及对联合国粮食计划署的疫情下粮食援助不设禁令等）。

正在进行的诸边谈判为"联合声明倡议"（JSI），包括服务国内规制、投资便利化、电子商务、小微企业、贸易和性别平等议题。另外还有由加拿大和哥斯达黎加牵头的贸易与环境可持续结构化讨论倡议（Trade and Environmental Sustainability Structured Discussions，TESSD），以及由中国和斐济牵头的可持续塑料贸易，等等。上述谈判在 WTO 第 12 届部长级会议上有可能达成协议或形成部分成果。

4. 区域贸易协定

在 1995 年 WTO 成立之前，平均每年有 3 个区域贸易协定（RTA）被通报到 GATT，而自 1995 年至今已经上升到平均每年 16 个。目前，每个 WTO 成员，无论是发达成员、发展中成员还是最不发达成员，均参加了至少一个区域贸易协定。2021 年上半年，共有 17 个区域贸易协定被通报到 WTO，其中英国一家就占了 8 个，分别涉及加拿大、墨西哥、塞尔维亚、阿尔巴尼亚、约旦、加纳、欧盟、南部非洲关税同盟（SACU）和莫桑比克。

新冠疫情在全球范围的持续蔓延，将加速区域化发展趋势。一方面，疫情从客观上暴露了当前全球产业链水平分工结构存在的问题，即产业链环节过多、运输距离过长容易导致物流成本高、运输时间长、供应链断裂。另一方面，疫情也极大地改变了政策制定者的考量标准，即从成本收益和产业分工更多向价值观取向和产业链安全靠拢，全球经贸版图区域化的趋势将被进一步强化。

区域贸易协定的内容也发生了显著变化。在 GATT 时代，多数区域贸易协定条款涉及关税减让，部分涉及服务贸易。而目前区域贸易协定的内容均超出了传统的市场准入和 WTO 相关规则，涉及投资、竞争、政府采购、环境、劳工、电子商务、中小企业和性别平等。从最近的 WTO 谈判可以看到，一些区域贸易协定的条款开始被纳入多边谈判，例如电子商务、中小企业、性别平等、投资及环境等。

5. 数字贸易规则

随着第四次工业革命的快速发展，数字贸易正以强势姿态改变全球贸易格局。电子商务是数字贸易的早期表现形式，它以互联网为媒介，强调"货物流动"；数字贸易的内涵则更为丰富，它强调"数据流动"，不仅包括贸易运输互联网化，而且包括贸易对象数字化，贸易形式、内容日益丰富。然而在 WTO 现阶段讨论中，通常是将数字贸易规则问题放在电子商务框架中，这反映出 WTO 现有体制与全球贸易发展趋势的脱节。

目前，在数字贸易领域，WTO机制改革面临着诸多困难。一是数字贸易税收征管政策尚不明确，发达成员及高收入发展中成员主张继续免征电子传输关税，而中低收入的发展中经济体则持相反态度。二是各国针对数字贸易市场开放存在较多分歧，以美日欧为代表的发达经济体更关注数字贸易国际市场的开放范围，并将视线投入新技术领域；发展中经济体则侧重于市场开放政策的包容度与灵活度，强调由发展中成员自由选择和拟定市场开放程度、开放时间表。三是在数据是否可以跨境流动、境外存储加工以及出境数据应受何等限制等问题上，各成员存在较多争议，并且数据流动还带来了监管难题。

目前，发达成员积极协调各自利益，联合推进体制改革；新兴市场成员力求突破，旨在以数字贸易规则为突破口，构建国际经贸新秩序；广大发展中成员也积极参与，力求避免被边缘化。可以预见，随着数字贸易规模的增长、重要性的提高，多边框架下的数字贸易规则将更加完善、约束力更强，引领国际经贸规则的重构方向。

中美双方的立场、诉求与行动

（一）美国方面

以GATT为代表的多边贸易体系是美国一手创立的，长期以来美国主导着多边贸易谈判和国际经贸规则制定。WTO 成立之后，美国依然是全球贸易体系中的领导者，并试图以自身利益为中心对国际经贸规则进行重构。

总体来看，美国多年来扮演着规则制定者和维护者的角色，因此熟悉国际经贸规则的每个方面，并充分利用规则维护自身利益。在逆全球化的背景下，特朗普及其内阁抛弃自由贸易信条和多边机制，试图以破坏的方式重塑国际经贸规则；拜登总统上台之后，又非常重视多边贸易体系，重构国际经贸规则的热情高涨，希望联合欧盟、日本等经济体，形成发达经济体之间的闭合经贸网络，并建立起更高标准的规则体系。

然而，当前美国在各个领域的相对实力已今非昔比，其领导能力和规则制定能力不断衰落，在国际经贸规则重构的进程中，美国无法取得绝对的领导地位。美国的贸易政策，特别是针对全球贸易体系的相关政策，既有延续性，又深深打上了总统和主要贸易官员的烙印。

1. 对华态度依然强硬

从美国政府机构发布的纲领性文件以及美国政府的行动来看，拜登内阁在贸易领域对中国的态度仍然十分强硬。2021 年 3 月，美国贸易代表办公室（USTR）发布了《2021 年贸易政策议程和 2020 年年度报告》，在 2021 年总统的政策重点部分列出了九项政策，其中八项都是一般性问题，包括抗击疫情、恢复经济，将工人置于贸易政策中心，使世界进入可持续的环境与气候发展路径等，只有一项是针对特定国家，即通过一揽子策略解决中国强制性和不公平经贸实践，这足以展示出新内阁将中国作为经贸领域的头号关注焦点和打压对象。与此同时，拜登内阁上台后仍一直保留着特朗普执政时期开始对中国相关进口商品征收关税的政策，美国目前从中国进口的商品中约有一半被加征了关税。拜登具有丰富的执政经验，相比于特朗普抛弃多边的贸易政策导向，拜登更注重盟友、规则以及价值观等因素。

在就任总统前夕，拜登接受新闻采访时表示，中国是现阶段美国最大的竞争对手。拜登上台后，重点关注产业补贴、知识产权等涉及结构性的问题。截至 2021 年 9 月，拜登就任总统已有 7 个多月，但美国政府就是否继续维持特朗普时期对华加征的关税，以及 2020 年签署的第一阶段经贸协议是否继续生效仍未明确表态。

在美国政府机构的组成中，美国贸易代表办公室全面负责同贸易相关的各项事务，该机构长官为贸易代表，全权负责美国贸易、商品、直接投资等领域政策的发展与协调，并代表总统与贸易伙伴进行谈判。2021 年 3 月，新上任的美国贸易代表凯瑟琳·戴就双边贸易关系举行的 9 次跨国会议中，与英、法、日、德等高级官员，多次用污蔑性词语对中国进行抹黑。在她的谎言下，中国变成了一个"不守规矩"的经济体。她呼吁对方与美方一起，对中国这一"非市场经济体"做出应对。据韩国媒体透露，凯瑟琳·戴威胁韩国必须参与 WTO 改革，必须与美国一起，努力将中国踢出"发展中国家"的名录，让中国再也不能享受各种贸易优惠。相关专家还推测，韩国在会谈中还被凯瑟琳·戴胁迫参加与中国"脱钩"计划，希望在半导体供应链上对中国进行遏制。

2021 年 8 月，凯瑟琳·戴在同美国商会中国中心顾问委员会（U. S. Chamber China Center Advisory Board）以及美中贸易全国委员会的高层进行视频会议时指出，拜登政府和美国贸易代表办公室正对美中贸易政策进行全面评估。凯瑟琳·戴承认美国与中国贸易关系的重大意义，并强调将对此进行全面战略评估，以制定有弹性的贸易政策。尽管认可中美贸易关系的重要性，凯瑟琳·戴却同时表示，美国贸易代表办公室致力于处理所谓"中国不公平的贸易政策和非市场行为"，认为这损害了美国企业和工人利益。

同前任贸易代表莱特希泽相比，凯瑟琳·戴更为擅长抹黑中国。同时，就当前凯瑟琳·戴对中国的行事态度来看，拉帮结派只是其手段之一。对于特朗普采用的独立制裁中国经济的形式，凯瑟琳·戴也会予以保留。同时单边主义政策以及多边体制框架等，也是凯瑟琳·戴在未来可能会使用的手段。

2. 新内阁重视多边

特朗普执政时期，表现出抛弃多边主义的姿态，这一点在贸易领域尤为明显。上任第三天，特朗普便宣布退出《跨太平洋伙伴关系协定》（TPP），此后不仅对中国发起声势浩大的贸易战，还与欧盟等发达经济体发生贸易摩擦，特朗普还扬言要退出 WTO。与此同时，特朗普内阁重视双边和小范围贸易关系的维护与发展，不仅重新签署了《美墨加协定》，还谋求联合欧盟和日本建立起高标准的自贸协定，形成发达经济体之间闭合的贸易环路。

与特朗普内阁不同，拜登及其内阁认为凭借自身的力量无法达到遏制中国的目标，因此其政策导向又转回了多边。拜登政府致力于恢复与盟友的关系，重塑美国的全球领导力。为此，拜登政府致力于建立"民主国家联盟"，特别是将欧洲团结在自己的周围。入主白宫首日，拜登总统一连签署了 17 项政令，启动"拜登新政"，大张旗鼓地清除特朗普政策遗产。特别是，他宣布重新回归《巴黎气候协定》，重回世界卫生组织，从多个领域展示出回归多边主义的姿态。

在贸易领域，拜登内阁改变了特朗普执政时期谋求联合日本和欧盟的策略，开始谋求在七国集团乃至二十国集团框架下，同贸易伙伴一道制定国际经贸新规则。在拜登上台之后的七国集团峰会中，在美国的提议下，此次峰会将中国列为议题，七国集团特别商讨未来对待中国的态度和采取的措施。尽管最后七国集团并未展现出对中国的强硬姿态，但拜登内阁试图通过多边方式联合更多的发达国家盟友，从而在各个领域实现对中国打压的政策目标将长期存在。

近期的一些事件表明美国在贸易领域回归多边主义，包括：2021年初放行 WTO 总干事遴选，2021 年 8 月宣布加入服务国内规制诸边谈判，并向 WTO 捐款 60 万美元用于发展中成员的官员培训，等等。

然而，美国回归多边是选择性的，在谈判上相对积极，但只是选择参加了服务国内规制和电子商务等，对由中国牵头的投资便利化则未做表态，在多边的渔业补贴谈判上也强调要达成"有意义的成果"，同时提出了"强迫劳动"这样的政治敏感性问题。在其他成员普遍关注的争端解决机制及上诉机构问题上，美国的立场未见丝毫松动。这与拜登政策内倾，注意力集中在疫情应对和疫情复苏上有关，拜登一再表示无意签署任何重大国际协议。

3. 贸易政策同诸多其他事务挂钩

在美国政府的政策目标体系中，维护美国安全和全球领导力是核心目标。包括贸易政策在内的各项政策，都是为核心目标服务的，因此美国贸易政策同其他领域政策的联系十分密切，贸易政策的制定与实施也渗透着其他方面的目标。

同贸易政策紧密联系的第一个领域是农业发展。在美国签署的自贸协定中，大多数都涉及农业生产规范和农产品市场开放。自 2020 年以来，无论是在 WTO 争端解决框架下，还是在双边及区域自由贸易协定框架下，美国同贸易伙伴都展开了农业领域的多项磋商与谈判。

同贸易政策紧密联系的第二个领域是知识产权。根据美国贸易代表办公室发布的报告，自 2020 年以来，美国政府使用了"一切可能的手段"来敦促其他国家向美国开放相关市场并加强保护美国的知识产权。美国在双边和区域贸易协定框架下，以及通过"特殊 301"条款，对 25 个国家施压，要求它们加强知识产权保护，对保护不力的实践活动加以改进。

同贸易政策紧密联系的第三个领域是制造业发展。新内阁将制造业发展视为美国经济增长的关键动力，从倡导公平贸易的角度利用各种机制，要求贸易伙伴进一步开放市场、矫正不公平行为。自 2020 年以来，降低双边市场准入壁垒和应对过剩产能是美国政府重点关注的问题。美国贸易代表办公室要求印度、东盟进一步对美国开放相关制造业产品市场，还针对中国制造业采取了多项政策手段，以限制中国在高技术、高附加值产业的发展。

同贸易政策紧密联系的第四个领域是中小企业发展。除在自贸协定谈判中不断加强对中小企业议题的关注之外，美国贸易代表办公室还重视通过跨部门协调来促进中小企业的贸易发展。美国有跨政府部门的贸易促进协调委员会，其下的小企业工作组近年来十分活跃，美国贸易代表办公室、美国商务部、美国农业部、美国国务院、美国经济局以及美国进出口银行共同协作，为中小企业提供贸易信息与贸易资源，帮助它们了解并利用自贸协定规则，从而促进小企业出口发展。

同贸易政策紧密联系的第五个领域是环境保护。贸易与环境本来是传统议题，但近年来美国在《美墨加协定》以及美韩、美国与中美洲国家及多米尼加、美国与哥伦比亚等双边和区域协定中，加强了对环境责任问题的讨论，将更为严格的环境标准写入自贸协定之中。在亚太经合组织（APEC）会议上，美国提出了禁止非法砍伐、可回收材料使用、废旧物资管理等具体议题，并获得 APEC 成员的广泛响应。在 WTO 渔业补贴谈判中，美国提出新倡议，强烈要求禁止对破坏环境的捕鱼船队进行补贴。美国还在 OECD 和 WTO 框架下倡导有利于资源可持续利用和提高资源使用效率的贸易便利化措施。

同贸易政策紧密联系的第六个领域是劳工权利。自 2020 年以来，美国同世界各区域的国家在《贸易与投资框架协议》（TIFA）谈判中，以及在国际劳工组织、APEC、OECD 等论坛上，进一步探讨劳工权利保护以及与此相关的保护能力构建和技术支持等议题。在内部，美国政府加大对贸易调整援助（TAA）项目的支持力度，帮助在全球竞争中受损的劳动者提高职业技能、重新获得理想工作。美国还要求获得普惠制待遇的贸易伙伴，例如非洲国家、海地和尼泊尔等，遵守国际通行的劳工标准和儿童保护标准。

同贸易政策紧密联系的第七个领域是贸易能力构建。美国历史上曾为发展中国家提供技术支持和培训，以帮助它们提高从事国际贸易的能力。近年来，美国在帮助发展中国家构建或提高贸易能力方面继续发力，协同一些国际组织，在缔结标准同盟、推进贸易便利化等方面支持发展中国家，特别是支持最不发达国家。

4. 规则的利用者和破坏者

如前所述，WTO 的争端解决机制是 WTO 多边体系中最为重要的机制之一，为解决成员方之间的贸易冲突发挥了不可替代的作用。美国是 WTO 规则体系的创立者，因此美国在 WTO 框架下充分利用规则来维护自身利益。

从 1995 年 WTO 成立至本文写作时，美国累计发起申诉案件 132 起，占全部争端案件的 21.82%。从被诉国别/地区分布来看，主要涉及中国、欧盟、加拿大、印度、墨西哥（见图 1）。所涉大类领域包含产业政策、以政府补贴为代表的政府行为、科技和服务贸易以及以知识产权保护为代表的其他贸易行为（见图 2）。其中产业政策领域包含65 起，主要涉及农产品、汽车及零部件、肉类、计算机等产业；科技和服务贸易领域共 6 起，主要涉及信息服务行业；进一步地，全部申诉案件可细分为东道国政府补贴、进口关税、非关税壁垒、知识产权保护等，分布情况如图 3 所示。

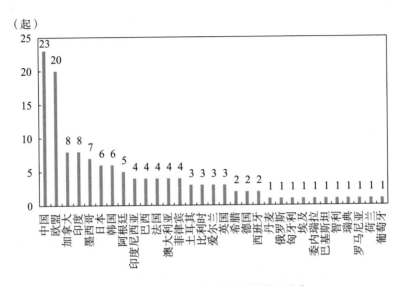

图 1　美国发起申诉案件的国别/地区分布

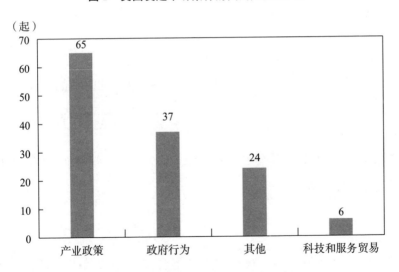

图 2　美国发起申诉案件的大类分布

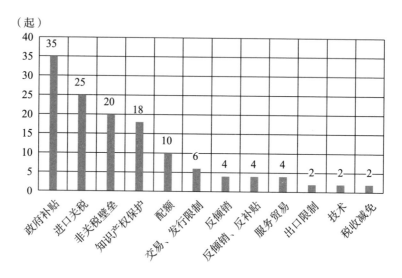

图3　美国发起申诉案件的具体领域分布

尽管 WTO 争端解决机制存在处理时间冗长、救济效果滞后等问题，但美国仍然是最频繁的申诉者，利用该机制扩大出口市场或保护本国产业。并且，无论是中国、印度等发展中经济体，还是欧盟、加拿大等发达经济体，都是美国申诉的重要对象。即使发起的申诉案件最终未能胜诉，也起到了震慑贸易伙伴、获得缓冲时间的作用。

与此同时，美国也是被诉最多的成员方。在 WTO 争端解决机制框架下，美国累计被诉案件 168 起，约占全部争端案件的 27.29%。从申诉国别/地区分布来看，主要涉及欧盟、加拿大、中国、韩国、印度、巴西、墨西哥（见图 4）。所涉大类领域包含产业政策、以政府补贴为代表的政府行为、科技和服务贸易以及以知识产权保护为代表的其他贸易行为（见图 5），其中产业政策领域包含 135 起，主要涉及钢铝制品、农产品以及肉类等产业。进一步地，全部被诉案件可细分为反倾销、非关税壁垒、政府补贴、进口关税、反补贴等方面（见图6），其中涉及反倾销、非关税壁垒、政府补贴、进口关税、反补贴方面案件最多，分别为40起、33起、23起、20起、17起。

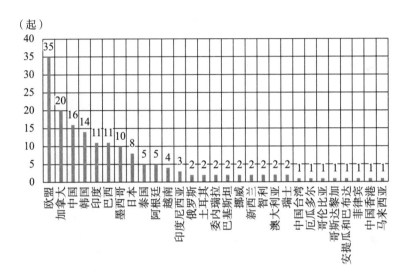

图 4　美国被诉案件的国别/地区分布

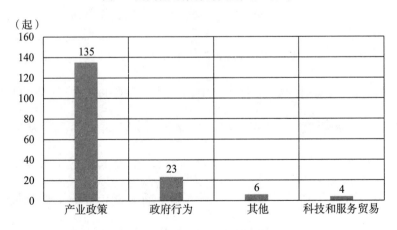

图 5　美国被诉案件的大类分布

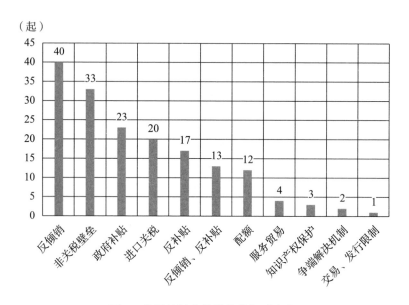

图6　美国被诉案件的具体领域分布

　　长期以来，美国标榜自己是自由贸易的捍卫者和旗手。然而，在WTO的争端案件中，有超过四分之一的案件是针对美国发起的，这意味着美国在利用规则的同时还在破坏规则，已招致WTO各成员的强烈不满，其"双重标准"在贸易领域体现得十分明显。

　　中国在WTO争端解决机制下的被诉情况，可以进一步映衬出美国是国际经贸规则的破坏者。自中国加入WTO以来，在WTO框架下中国累计被诉案件47起，约占全部争端案件的7.77%。从时间分布来看，在2006—2012年间最为集中，高达29起。近年来，中国对内改革和对外开放不断深入，经济体制不断完善，被诉案件数量呈明显下降趋势。从申诉国别/地区分布来看，主要涉及美国、欧盟、加拿大、墨西哥、日本、澳大利亚、巴西和危地马拉（见图7），其中以美国、欧盟申诉案件最多，分别为23起、9起。所涉大类领域包含产业政策、科技和金融政策、政府行为以及其他相关领域（见图8），其中产业政策领域包含34起，主要涉及矿产业8起、农业7起、钢铝制品行业6起。进一步来说，全部被诉案件可细分为政府补贴、出口限制、反倾销、进口关税、反补贴、金融服务限制、进口配额、知识产权保护等方面（见图9），其中涉及反倾销、政府补贴以及出口限制等方面案件最多，分别为11起、9起、8起。整体而言，中国被诉案件整体在申诉年份、申诉对象、申诉行业以及申诉原因等方面集聚特征明显。

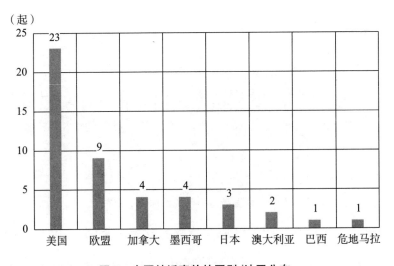

图7 中国被诉案件的国别/地区分布

（起）

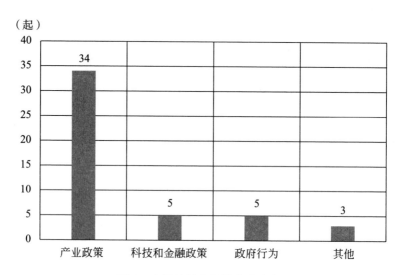

图8　中国被诉案件的大类分布

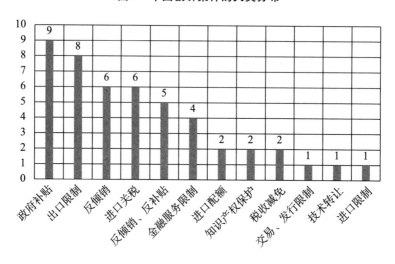

图9　中国被诉案件的具体领域分布

自 2013 年以来，中国已成为货物贸易第一大国。2021 年前 7 个月的数据显示，中国的货物贸易和服务贸易总额已跃居世界第一。在这样的背景下，中国被诉案件数仅为美国的 28%，意味着中国努力遵守多边贸易规则，同 WTO 成员方之间建立了和谐友善的伙伴关系，除美国之外，没有一个经济体对华申诉案件超过 10 起。

（二）中国方面

毫无疑问，中国是世界贸易体系中最为重要的国家，无论是贸易体量，还是贸易结构，以及在全球价值链中的地位，都能展现出中国的优势地位。并且中国对外贸易的发展势头良好，在率先控制住疫情的基础上，不断加强自身的优势。以往中国是国际经贸规则的接受者，在世界经济体系中的话语权十分有限。随着经济实力的提升，中国更为积极地参与国际经贸规则重构，并为世界经济提供了丰富的公共产品，并且在重构过程中，中国代表了广大发展中国家的利益，为国际经贸规则重构提供了中国智慧和中国方案。

但中国对外贸易发展起步晚、制度建设滞后，在改革开放的进程中还存在较多亟待解决的问题，在一些领域还存在同市场经济发展方向相悖的制度和惯例，而且由于意识形态的差异，时常会遭到西方国家的打压和排斥。中国也未能在国际社会中充分掌握舆论话语权，提出的倡议和方案只能获得一部分发展中国家的支持和响应，而另一部分发展中国家对中国方案的认同度较低，中国在经贸领域的朋友圈亟待扩容。

1. 面临短板与挑战

第一，"非市场经济地位问题"是中国与发达国家博弈的核心问题之一。非市场经济地位导致中国出口企业在贸易摩擦以及对外反倾销应诉中处于不利地位。中国商务部统计数据显示，目前全球已有包括俄罗斯、巴西、新西兰和澳大利亚等在内的几十个国家承认中国的市场经济地位，而美国、欧盟和日本多年来一直拒绝认可。关于"非市场经济国家"的自贸区限制性条款，可能会被美国塞入美欧自由贸易协定、美日贸易协定以及其他自由贸易协定谈判。

第二，国有企业与竞争中立问题。一些西方国家认为竞争中立原则意味着国有企业需要按照市场原则，与民营企业、外资企业在市场上展开公平竞争，国有企业不会受到特殊优待。在中国，国有企业是国民经济发展的中坚力量，是中国特色社会主义的支柱，由国家对其资本拥有所有权或者控制权，政府的意志和利益决定了企业的行为。国有企业作为一种生产经营组织形式，同时具有商业性和公益性，其商业性体现为追求国有资产的保值和增值，其公益性体现为国有企业的设立通常是为了实现国家调节经济的目标，起着调和国民经济各个方面发展的作用。中国政府遵循的竞争中立原则同西方国家存在分歧，这也导致了西方国家极力要求将国有企业和竞争中立问题纳入多边框架，以约束中国国有企业的发展。

第三，产业补贴和产能过剩问题。由于补贴牵涉政府管理经济的方式，是一个带有全局性的问题，因此补贴已经成为多边贸易关系中最重大的问题之一。美国等发达国家在 WTO 争端解决机制下对中国发起申诉的案件中，大部分涉及产业政策，特别是产业补贴问题。在国际经贸规则重构的过程中，西方国家也将补贴和产能过剩当作重要议题，目标在于胁迫中国约束自己的补贴行为。美国还联合欧盟和日本，谋划建立没有任何补贴的贸易同盟，其用意在于将中国排斥在世界贸易体系之外。

第四，市场、制度壁垒问题。目前，从《美韩自由贸易协定》《美墨加协定》《经济伙伴关系协定》《全面与进步跨太平洋伙伴关系协定》等谈判内容看，谈判议题向边界后规则转移，这对中国贸易、投资、产业与经济增长方式构成巨大挑战。如果不参与制定和遵守新规则，中国可能被一些国家联合排斥在下一轮全球化之外，面临的贸易投资壁垒将显著上升。实际上，自中美贸易战爆发以来，中国加速了一些领域的开放进程，取消或降低了外资股比限制，并积极改善营商环境、减少制度壁垒。未来，以推进国内制度改革与建设来减少市场准入壁垒，将成为我国扩大开放需要长期坚持的方向。

2. 话语权提升

本文以中国使用 WTO 争端解决机制的状况，以及中国在 WTO

中的出资额和专业技术人员数目为例，来说明中国在国际经贸体系中的话语权仍有待提升。从加入WTO至今，中国累计发起申诉案件24起，约占全部争端案件的3.97％。从申诉国别/地区分布来看，主要涉及美国、欧盟、希腊、意大利、澳大利亚（见图10），其中以申诉美国、欧盟案件最多，分别为16起、5起。所涉大类领域包含产业政策和政府行为（见图11），其中产业政策领域包含20起，主要涉及钢铝及制品、农产品、能源等产业；政府行为4起，主要为被诉国家/地区政府不合理补贴行为。进一步地，全部申诉案件可细分为反倾销、反补贴、进口关税、政府补贴、非关税壁垒、配额（见图12），其中涉及反倾销、反补贴以及进口关税等方面案件最多，分别为11起、5起、5起。

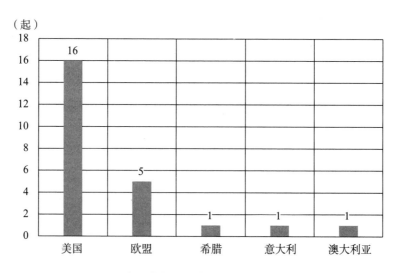

图10 中国发起申诉案件的国别/地区分布

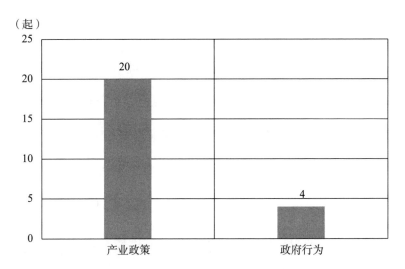

图11 中国发起申诉案件的大类分布

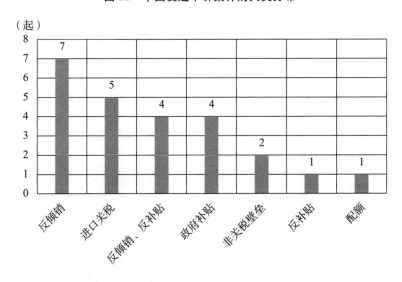

图12 中国发起申诉案件的具体领域分布

尽管中国早已成为货物贸易第一大国，而且近年来实现了进口和出口的协同发展，但同美国相比，中国各界在理解规则、运用规则方面还有很大的提升空间，在 WTO 框架下发起的申诉案件数量少、领域窄，对自身的保护作用十分有限。

2020 年和 2021 年，WTO 全部成员给机构的出资总额为每年 19 550 万瑞士法郎。美国和中国的出资额排在前两位，均超过 2 000 万瑞士法郎，占比均超过 10%，且 2021 年的份额比 2020 年均有小幅上升（见表 1）。尽管出资额同话语权并非完全呈线性关系，但美国和中国两国的出资额明显高于其他成员，它们在 WTO 各项事务的决策中会扮演更重要的角色。而中国出资额常年排在第二位，表明话语权虽有所提升，但还无法撼动美国的领先地位。

表 1 WTO 主要成员贡献份额（2020 年和 2021 年）

成员	2020 年出资额（万瑞士法郎）	2020 年份额（%）	2021 年出资额（万瑞士法郎）	2021 年份额（%）
美国	2 286	11.693	2 295	11.739
中国	2 014	10.302	2 042	10.445
日本	767.3	3.925	759.9	3.887
韩国	567	2.900	557.8	2.853
中国香港	554.8	2.838	557.6	2.852
加拿大	483.9	2.475	478	2.445
印度	445.5	2.279	451	2.307

资料来源：2021 Trade Policy Agenda and 2020 Annual Report, USTR.

截至 2021 年初，在 WTO 任职的专业技术人员（不包括翻译官）中，国籍为法国的最多，有 42 位，占比为 11.2%，排在第二位的是美国，占比为 7.5%（见表 2）。中国和英国各有 16 名，并列第六名。

未来中国需要培养更多的通晓国际法规、能胜任国际组织专业技术工作的人才，提升在国际组织中的影响力和话语权。

表 2　WTO 专业技术人员的国籍分布（截至 2021 年 1 月）

排序	成员	人数	占比（%）
1	法国	42	11.2
2	美国	28	7.5
3	德国	21	5.6
4	意大利	20	5.3
5	加拿大	18	4.8
6	中国	16	4.3
6	英国	16	4.3
8	印度	13	3.5
9	巴西	12	3.2
9	西班牙	12	3.2
11	菲律宾	10	2.7
11	瑞士	10	2.7

资料来源：2021 Trade Policy Agenda and 2020 Annual Report，USTR.

3. 自贸协定取得进展，但任重道远

根据 WTO 的统计，目前国际上达成的自由贸易协定已经有 350 多个。2002 年，中国与东盟签订了自由贸易协定，这是中国参与的第一个自由贸易协定。截至本文写作时，中国已经达成了 17 个自由贸易协定（见表 3），并和 26 个国家和地区签署了这些协定。另外，中国还对以前达成的自由贸易协定进行升级，同时还有正在谈判的协

定 10 个，正在研究的协定 8 个。

表 3　中国签署自贸协定情况

已签协定	谈判中	正在研究
RCEP	中国-海合会	中国-哥伦比亚
中国-柬埔寨	中日韩	中国-斐济
中国-毛里求斯	中国-斯里兰卡	中国-尼泊尔
中国-马尔代夫	中国-以色列	中国-巴新
中国-格鲁吉亚	中国-挪威	中国-加拿大
中国-澳大利亚	中国-摩尔多瓦	中国-孟加拉国
中国-韩国	中国-巴拿马	中国-蒙古国
中国-瑞士	中韩-韩国（第二阶段）	中国-瑞士（升级）
中国-冰岛	中国-巴勒斯坦	
中国-哥斯达黎加	中国-秘鲁（升级）	
中国-秘鲁		
中国-新西兰（升级）		
中国-新加坡（升级）		
中国-智利（升级）		
中国-巴基斯坦（第二阶段）		
中国-东盟		
CEPA		

资料来源：根据中国自由贸易区服务网（mofcom. gov. cn）资料整理。

自由贸易协定对扩大中国同贸易伙伴的贸易与投资关系，稳定中国的外贸外资基本盘作用非常显著。2020 年，疫情对全球的对外贸易影响很大，但中国同自由贸易协定伙伴的贸易额增长达 3.2%，同非自由贸易协定伙伴的贸易额只增长了 0.8％。就投资关系来说，2020 年中国对外投资近 70％是对自由贸易协定伙伴的投资，吸引外资的 84％来自自由贸易协定伙伴。因此可以看出，自由贸易协定对于贸易投资关系起了非常重要的作用。

但同时应该看到，中国在签署自贸协定方面还有很大提升空间，从数量来看，与欧盟（45）、英国（37）相去甚远，接近日本（18）、印度（17），略高于美国（14）（见表 4）。在世界各国都高度重视双边和区域贸易协定的今天，中国在坚持多边原则的基础上，需要努力在签署自贸协定方面取得更大的进展。但中国前十大贸易伙伴中的美国、欧盟、印度和俄罗斯，在短时间内不大可能与中国商谈自贸协定，日本也只是通过《区域全面经济伙伴关系协定》（RCEP）同中国建立了自贸关系，下一步需要努力探究如何在这些主要贸易伙伴中取得突破。

表 4　美国签署自贸协定情况

已生效	谈判中	其他倡议
美国-澳大利亚	美国-欧盟	美国-美洲其他国家
美国-巴林	美国-日本	美国-欧洲-中东
美国-中美洲五国-多米尼加	美国-肯尼亚	美国-日本-韩国- APEC
美国-智利	美国-英国	美国-中国-中国香港-中国台湾-蒙古国
美国-哥伦比亚		美国-东南亚-太平洋地区
美国-以色列		美国-撒哈拉以南非洲

续表

已生效	谈判中	其他倡议
美国-约旦		美国-南亚-中亚
美国-韩国		
美国-墨西哥-加拿大		
美国-摩洛哥		
美国-阿曼		
美国-巴拿马		
美国-秘鲁		
美国-新加坡		

资料来源：2021 Trade Policy Agenda and 2020 Annual Report，USTR.

4. 中美经贸关系一波三折

拜登总统上任之后，中美经贸关系一波三折，在加征关税并未取消的情况下，双边贸易额持续增长。两国高层进行了多次对话，展现出两国恢复正常经贸关系的意愿，但美国仍然在一些领域打压中国，并试图联合更多盟友一起对中国发难。

自2021年5月以来，中美两国高层进行了三次对话，对经贸领域有关问题进行具体、务实的沟通，双方表示出平等尊重、对话协商和互利共赢的意愿。三次对话表现出中美双方经济高层逐渐恢复全面沟通，中美两国有继续深入沟通谈判、关系转好的可能。目前中美两国仍在执行第一阶段贸易协议，而该协议在2021年底到期，近期对话给第二阶段谈判的进行奠定了基础。双方的沟通目前来看较为有效，并达成部分共识，"具体化""务实化"体现了两国解决切实问题的愿望。

然而，美国仍在一些战略领域试图打压中国。在三次高层对话间隙，2021年6月3日，美国总统拜登签署行政命令，将包括华为、中芯国际等在内的59家企业列入禁止投资"黑名单"，禁止美国人与名单所列企业进行投资交易。2021年6月8日，美国参议院通过《2021年美国创新和竞争法案》，列出应对中国"一带一路"倡议、信息战攻势、供应链一家独大等方面挑战的具体措施，在科技领域与中国抗衡。

在此之前，美国参议院通过《2021年战略竞争法案》，要求美国政府采取与中国进行全面"战略竞争"政策以面对"中国对美国国家和经济安全构成的挑战"。美国还在《2021年度威胁评估报告》中把中国推动成为"全球大国"并放在威胁清单的首位。美国对华态度不断反复说明美国不会放弃对中国的对抗和打压，中美在政治观念、意识形态、战略竞争以及疫情发展方面的分歧不会消失。

2021年6月11日至13日，七国集团峰会在英国卡比斯湾进行。以美国总统拜登为代表的七国集团领导人选择用强硬言辞触及多个中国的敏感议题，抨击中国在新疆、香港及台湾问题和新冠疫情中的行为，认为中国存在非市场政策，提出"重建更好世界"倡议来对抗

"一带一路"倡议。美国作为此次七国集团峰会的主导国家，希望通过本次峰会恢复美国联盟、重振跨大西洋关系，甚至希望打造一个发达工业国家共同抗衡中国影响力的民主联盟，主导制定全球贸易新规则。尽管七国集团并未形成一致的对华强硬态度，但美国的言论和行动给中国同七国集团之间的经贸关系带来了较大的负面冲击。

未来展望与政策建议

国际经贸规则重构正在深刻影响各国经济战略目标的调整和实现。面对更趋复杂的国际经济环境，我国要增强紧迫感，要积极参与其中，以自身发展去适应规则变化，以自身发展去引领规则重构。为此，中国各界需要在如下方面做出努力：

第一，以追求"包容性利益"重构国际经贸规则。未来中国要以开放、自信、有为的姿态参与和国际经贸规则重构有关的讨论及制定，不回避敏感问题的讨论，主动提出完善国际经贸规则的主张、倡议及方案，在相关国际规则中注入中国元素，更加有力地开展围绕规则制定的国际协调工作，提升对国际经贸规则制定的影响力，为国际经贸新规则的形成做出中国的应有贡献。中国既要坚定维护自身的核心利益，也要承担与大国地位和自身实力相称的国际义务，善于求同存异，追求各方共赢的"包容性利益"，在促进国际经贸规则不断完善方面体现出更大的政治意愿，付出更多的努力。与此同时，中国要将自主开放与对等开放结合，积极稳妥地推进"一带一路"建设、高标准自贸区建设、自贸园区建设、中美中欧投资协定谈判、WTO 多边谈判等重大开放举措，把握对外开放的主动权。

第二，加快推进高水平自贸协定谈判。顺应全球范围自贸区蓬勃发展的大势，加快实施自由贸易区战略，在区域和双边层面推进贸易投资自由化和便利化，参与和引导国际经贸新规则的制定。在自贸区战略布局上，综合考虑全球政治、经济、外交格局的变化以及中国在世界政治经济格局中的战略定位等因素。统筹考虑和综合运用国内国际两个市场、两种资源，推进共建"一带一路"倡议和国家对外战略紧密衔接，把握开放主动和维护国家安全，逐步构筑起立足周边、辐射"一带一路"、面向全球的高标准自由贸易区网络。未来要加强与不同区域、不同特点和较大规模经济体的大胆接触和深度探讨。在更广泛的自贸协定谈判中，注意提高协定的标准，积极吸收或适当加入符合国际贸易发展趋势的合理内容，提高贸易自由化的水平。在中国-东盟自贸区升级谈判结束的基础上，继续推进其他自贸协定的升级谈判。稳步推进中日韩自贸区谈判。促进 RCEP 谈判和亚太自由贸易区（FTAAP）的建设进程。倡导 TPP 和 RCEP 对接融合，共同朝着亚太自贸区的大方向迈进，争取更大的战略主动。积极推动中美、中欧双边投资协定（BIT）谈判取得突破，在此基础上探索构建多边投资规则体系，增进中美、中欧在贸易与投资进一步自由化上的认识，促进双向投资增长和增加市场准入，带动中美、中欧经贸合作迈上新台阶。

第三，以加快国内改革来适应国际经贸规则变迁。如果未来中国不能加速国内体制改革，将难以适应新的国际经贸规则。面对国际经贸规则重构新形势，我们要将全球价值链与可持续发展观嵌入新时期的经济结构改革设计蓝图中，制定主动调整与转变的战略和实施规划，通过深度改革开放与世界经贸发展新趋势相向而行。我们要将国际经贸规则重构作为动力和机遇，自觉地向国际经贸规则的高标准靠拢，完善法治化、国际化、便利化的营商环境，健全同国际贸易投资规则相适应的体制机制。要构建新型政府与企业关系，主动深化市场化经济体制改革，努力破除体制机制障碍，加快转变经济发展方式，推进国内产业改革，提升产业标准，最终促进产业和企业竞争力的提高。加快自贸实验区建设是我国应对国际经贸规则重构的一个突破口和着力点，要推动自贸实验区建设沿着从试点到推广的路径与国际经贸规则对接，为深化改革开放提供可推广、可复制的做法。

第四，加强对国际经贸新议题的深入研究。密切跟踪国际经贸规则重构的新动向。对于 TPP、TTIP、《国际服务贸易协定》（TISA）等谈判所涉及的贸易新规则与标准，不仅要重视，更要深入了解和研究，以把握国际贸易政策的前沿，争取在国际经贸规则制定中的主动权。认真研究和分析规则重构对中国的影响及挑战，研究借鉴相关规则深化国内改革的可行性，及早做出应对预案与战略调整。分析与确立经贸新规则谈判中的攻势利益与守势利益，从而为我国的出口和对外投资消除制度障碍与壁垒。抓紧研究"借鉴相关规则深化国内改革"的可行性。重视对美欧技术标准和监管规制变化趋势的研究。研究现有国内法律法规、企业经营行为与发达国家主导的新规则之间的差距。积极稳妥地推动环境保护、知识产权、政府采购等相关领域的改革与制度建设，逐步缩小与国外高标准的差距，减少制度摩擦。

第五，加强参与国际规则制定的能力建设和能力提升。随着综合实力的增强和国际话语权的提高，我国在参与国际经贸规则制定方面取得了一定成效。但客观地看，我国参与国际经贸规则制定还处于起步阶段，与美欧日等相比，我国参与国际经贸规则制定的实践经验、知识储备、人才培养等相对不足，加强能力建设、提高参与能力仍是十分迫切的任务。未来要重视参与国际经贸规则制定的软实力建设。这需要改进涉外经贸决策协调机制，完善内部协调机制，加大高层协调力度。建立国际经贸谈判新机制。统筹谈判资源和筹码，科学决策谈判方案，优化谈判进程。加快对外谈判体制改革，通过简化主管机构、进一步明确职责，提高对外谈判力度和有效性。打造对外开放战略智库。建立智库参与涉外经济决策的机制，增强我国在国际经济治理机制中主动设置议题并提出建设性倡议的能力。做好人才培养和对策研究，为科学决策提供具有前瞻性的政策建议和智力支撑。

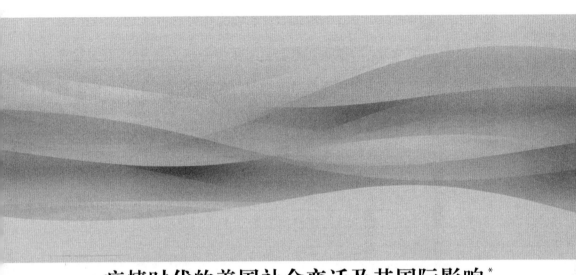

疫情时代的美国社会变迁及其国际影响*

* 本文由中国人民大学北京社会建设研究院于 2021 年 10 月 26 日发布。

本文聚焦疫情背景下美国社会的一些特征与变化，从民意、阶级、种族、民生及经济生活、相关政治与政策等方面对美国社会从疫情暴发以来的变化做出一定的概括与描述，并探讨这些变化可能给国际社会带来的影响，强调当前全球格局下共识的重要性。

本文指出，防疫政策的推广和落实，包括居家令、口罩令、疫苗接种和复工复学的种种分歧，都与美国本身的社会、历史、政治等格局交织，各具复杂性，但又有一些共同点，都带有强烈的政治色彩，与民主党、共和党权力版图彼此呼应并互相增强。疫情期间美国的种族分化与歧视问题不断激化，种族矛盾与结构性歧视因为美国疫情的不断加剧和死亡人数的飙升而被凸显。针对华人与其他亚裔美国人的仇恨言论与犯罪问题也在攀升，这给海内外华人同胞的日常生活、工作、出游甚至基本人身安全都带来了较大负面影响。同时，亚裔以外的其他少数族裔也在疫情当中面临着生存困境。疫情也给工人带来了更繁重和更危险的劳动，使得美国阶级矛盾加剧，同时也促使劳动者重新审视劳资关系，促使他们对自己的力量进行重新考量与认识，从而引发了一系列罢工潮。罢工的工人诉求比较全面，除了工资待遇以外，工作时长、工作周期、工作安全和过度劳动等都出现在了罢工的诉求之中。与此同时，美国发生了通货膨胀，白宫表示这是比较短期的现象，从长期来看会有所改善，但共和党则将其视为民主党领导无力的证据；通货膨胀背景下的美联储财政政策重就业轻通胀，即在短期内提高就业的优先级别使之高于通货膨胀治理。美联储主要使用利率作为政策工具，对就业和通货膨胀进行调节。这些议题也都将对美国中期选举和未来的总统大选产生直接或深远影响。

疫情背景下的民意与社会动态

在疫情暴发后，美国民众围绕疫情本身以及地方与联邦政府的防疫措施等带来的相关社会与居家生活方式的改变，产生了不同的态度与应对方式。随着感染病例的增加和防疫时间的拉长，特别是在疫情期间，美国政府大选结果经过一段时间的争论终于尘埃落定，美国联邦政府进行了政权交接与过渡——共和党人前总统特朗普下台，民主党人现任总统拜登上台并组建了新内阁。即疫情是在特朗普在位时期暴发的，并延续至拜登上台。其中一些关键防疫问题迅速或逐渐超越医学、应急和公共卫生领域而被逐渐政治化，成为被政治话语包裹并巩固或者表达政治倾向、进行政治角逐、推进政治计划的议题。防疫政策的推广和落实，包括居家令、口罩令和疫苗接种等等，都带有强烈的政治色彩，与美国的党派版图彼此呼应并互相增强。

（一）居家与社会隔离

2020 年春季美国疫情暴发后，美国各州先后出台了居家令并鼓励居民实施社会隔离措施，减少外出等（见表 1）。但是美国民众对这些举措的反应和接受程度差异巨大，一些州出现了反对居家令等防疫举措的示威游行。其中，华盛顿州是美国第一例确诊病例发现地，在居家令颁布前已有 1 万多个病例；而在伊利诺伊州，也出现了这样的示威游行和反对情绪，当时该州已有 3 万多个病例；另外，在田纳西、佛罗里达、肯塔基等州，包括美国首都华盛顿特区，也都出现了对居家令的反抗示威，其中一些地区甚至出现示威者持枪进入州政府大楼或者打断州长疫情发布会等情况。

在同一个月，斯坦福大学研究者穆尔（Moore）等人发布的关于美国民众在疫情期间的不合作行为（non-compliance）的调查指出，

18 岁以上、31 岁以下的年轻群体中，对隔离措施不予配合的人比例最高，多达一半以上（52.4%），因此建议国家防疫宣传应当更多地针对年轻人群体。穆尔等人发现民众不遵守社会隔离建议的理由有七个，而非核心工作需要、对身心健康的担忧、认为其他防疫措施已经足够抵抗疾病这三个理由是最常见的；其他理由还包括想要恢复正常生活、觉得社会大众反应过度以及照料孩子的需要等。

表 1　截至 2020 年 4 月 2 日美国实行居家令的州

州	生效日期
纽约	2020 年 3 月 22 日
俄亥俄	2020 年 3 月 23 日
俄克拉何马——针对易感人群	2020 年 3 月 24 日
北卡罗来纳	2020 年 3 月 30 日

但是，值得注意的是各地对居家令以及政府呼吁或者采取的社会隔离措施的公开反对，当时从偶发事件逐渐形成了一股美国多地相互呼应的社会运动。这些对隔离以及政府防疫措施的抗拒从一开始就与多股社会与政治力量相互纠缠，其所牵扯的利益和思潮，远远超过个人对某些措施的支持与不支持，其来源和影响也超越疫情的时间与空间。同时，反对政府隔离政策的示威者内部构成十分多样，诉求也不尽相同，能够比较清晰地折射和透视出疫情之下的一些社会与政治变化。

一部分美国群众对隔离措施的抗议主要出于经济与基本生存的考量，比如卡车司机群体在白宫前鸣笛示威，以及众多私营小业主参加州和市政府级别的示威游行等等，这些群体主要是由于在疫情当中遭受工作与收入方面的负面影响而对政府的防疫措施表达抗议；而有的反居家令示威活动，则是政敌之间的角逐较量的直接工具，例如肯塔基州落选的前州长马特·贝文（Matt Bevin），就利用反居家令示威者来干扰打败自己的现任州长安迪·贝希尔（Andy Beshear）的抗疫工作发布，进行政治报复。

另外一些防疫反对者则是获得了美国保守派捐助人的资金支持，较为有组织地举行示威活动。他们很多是近年来越发活跃于社交媒体等网络平台的一些社会政治"亚文化"群体的成员。这里我们可以比较粗略地将他们归为新兴右翼的社会势力，包括反疫苗运动（当时新冠疫苗尚未研发成功并进行接种，反疫苗运动由美国一个特殊群体发起，他们反对各种疫苗接种）的支持者、反政府的阴谋论组织、激进极右翼新纳粹组织以及美国二次内战论鼓吹者等等。这些人员一方面赞同一些较为传统的右翼思想，例如持枪自由、限制政府管控等等，另一方面又十分擅长利用新兴媒体传播信息和扩大影响，因此将对美国各州和市级政府居家令的反对活动当作深入动员、发展其政治力量和扩大组织规模的机会，既有组织地参与到这些活动中，又进一步地将这些示威活动的相关图片和视频在网上进行传播与发酵。

而极右翼势力与防疫抵抗相互结合的情况也出现在其他国家。最为明显的就是德国和奥地利，两国在疫情期间都出现了新纳粹势力参与反对政府隔离、封城、宵禁等防疫措施的大规模群体性事件。2021年初奥地利首都维也纳出现了由奥地利极右翼群体组织动员的极右翼游行，游行有新纳粹势力加入，发生了与警方冲突等恶性暴力事件；德国官方数据显示在疫情席卷德国的2020年，极右翼分子数量比前一年增长4%，而现在这些极右翼分子越发能够与非极端分子联合，共同抵制德国政府的防疫隔离举措，并且前者中有高达40%的人支持出于政治目的而使用暴力；同时，德国的反犹、反疫苗和阴谋论者也有互相重叠的成员关系和意识形态亲和性，这些群体和前文提到的美国出现的群体一样，都是反对抗疫封城居家隔离措施的社会势力。

当然，尽管当代极右翼势力的信息传播和组织能力非常强大，也不排除这些组织与群体在国际层面互相模仿和影响的可能性，但是根据笔者所了解的现有材料以及各个国家内外部、历史、社会、经济、政治各个方面的复杂情况，很难说是美国的反居家运动影响到了其他国家，还是这些不同的国家在相似又有区别的全球大背景下产生了类似的社会变化，这些问题有待学者在未来进行深入、细致的历史和比较研究。

（二）口罩令

美国总统拜登在进行竞选及赢得竞选、尚未正式就职的过渡时期，就曾表示上任后最先要做的事之一是签署全国范围内的口罩令，加大防疫力度。2021年1月20日他于白宫就职后确实签署了一项关于口罩的行政命令，不过适用范围为联邦管辖的机构组织等。因为从法理上来说，联邦政府无法强行要求公民佩戴口罩，所以从拜登上任以来，对于口罩令的推行基本是通过州级别的政府实现的。在美国的不同地区，口罩令的严格程度有所不同。截至2021年9月，美国首都华盛顿特区、关岛、伊利诺伊、新墨西哥、夏威夷等11个地区，要求接种和未接种新冠疫苗的人都佩戴口罩；纽约州、加利福尼亚州、康涅狄格州3个州只要求未接种人员佩戴口罩；其他地区没有口罩令。有口罩令的地区，也不仅仅是在接种和未接种要求上有所差异。例如，有的地区要求居民离家后就必须戴口罩，而有的地区则把需要戴口罩的场所等列出；所有地区都根据美国疾控中心的要求，禁止2岁以下儿童戴口罩，但在这之外的与年龄相关的规定，各个地区又不尽相同。

从年初拜登签署口罩令到各州政府无视或者推行自己的版本以来，关于口罩令的支持和反对、推行与违抗，也呈现出了矛盾激化与社会分化的倾向。反对口罩令的言论，与反对居家令和隔离的常见言论有重叠之处，主要围绕个人自由、个人选择与政府干涉展开，而且理由与背景也与反居家令时期类似。例如，关于新冠疫情普遍程度、重症及致死概率与传播机制的怀疑，对已有防疫措施的效果的理解，对防疫总体时间和前景的预期，以及自疫情以来各种信息的交汇，包括谣言与阴谋论的甚嚣尘上。从各州开始倡议居民佩戴口罩开始，在公共场所公开反对戴口罩的社会新闻时有发生，在政治上偏保守的地区发生更为频繁。这样的矛盾则在最近几个月，随着秋季学期开始和美国教育部针对学校的口罩令的推行而更加凸显，其政治化的一面也更加突出。图 1 是 2021 年 8 月的一项调查结果，从中我们可以很清楚地看出，民主党人和共和党人对口罩令的态度截然不同，二者支持学校强制性口罩令的比例分别是 92％和 44％（见图 1）。

图 1　支持在学校实施强制口罩令的成年人比例（％）

资料来源：数据来自 Axios/Ipsos 调查；图形来自 Connor Rothschild/Axios。

注：基于 2021 年 8 月 13—16 日对 1 041 名美国成年人的调查。

围绕着口罩令而激化的政治分裂和社会矛盾，在国家和州的层面是通过行政部门之间党派分明的直接政治冲突和法律交锋展开的。2021 年 8 月佛罗里达、得克萨斯、俄克拉何马、亚利桑那和田纳西等多个共和党把控州的州长先后宣布将禁止学校推行口罩令，建议让学生家长自主决定是否让孩子戴口罩上学。随后拜登施加压力，在给教育部的备忘录中重申了学校抗疫和口罩令的重要性。备忘录问世后，拜登内阁多次采取行动，先由教育部部长向媒体宣布，将对五个妨碍学校口罩令的州展开民权调查；随后财政部副部长也对亚利桑那州州长的抗疫经费问题提出限制，指出对方将抗疫经费拨给取消口罩禁令的学校作为项目资金是滥用财政拨款行为，与该经费控制疫情的用途背道而驰。

在地方层面，口罩令带来的社会矛盾主要在家长和校方之间展开。在 2021 年 7—8 月，宾夕法尼亚、科罗拉多、内华达、加利福尼亚、密歇根等美国多个州都出现了家长与学生抗议学校的行为，甚至有媒体将其称为"口罩战争"。学生与家长们对学校的口罩令进行反对的理由包括心理健康、社交生活、自由选择等，这些反对行为增加了校方和教职员工的工作难度和疫情风险。

从口罩令和居家令引发的社会矛盾与政治分化来看，疫情中美国的不同社会群体对疫情本身和政府抗疫举措的认识较为多样，对这一新型传染病的共识范围有限、争论较多，这些因素与历史上特别是在特朗普时代留下的社会裂痕、政权过渡问题、党派分歧、疫情的快速传播与抗疫的紧迫性相叠加，并借助网络时代的低传播成本和复杂媒体市场的作用，引发了医疗应急与公共卫生问题的政治化和割裂性质。

(三) 复工复学与疫苗接种

对于复工复学和疫苗接种问题的分歧和挑战与上述两个问题有诸多类似之处。首先，党派和政治性质与防控疫情的政策措施紧密相连。特朗普在位时期，特别是 2020 年下半年，表达了催促全国学校重新开放的强烈态度，而在特朗普落选而拜登上台以后，美国新政府对大中小学校的防疫问题持比较保守的态度，但是由于疫情从一种短期暴发的应急状态逐渐展现出长期性和日常性的特点，不仅一度在全美国范围内大规模传播，而且出现了新的变种，接着 2021 年新冠疫苗成功生产与投放使用，民众的相关预期也与前一年度相比有所调整；而许多居家隔离的家长，在自己远程工作和子女远程学习的过程中，遭遇到了诸多家庭和事业上的不便与挑战，学生自己也要面对很多学业和心理上的挑战；很多行业因为疫情停工而遭遇重大经济损失、裁员甚至倒闭，社会上对复工复学的期待和呼声逐渐增高。各个州的政策，与前述的口罩令相似，呈现出各地不一致的格局，而共和党把持的州和地区对拜登带领的民主党政府的疫情防控措施常有批评与反对。其次，与上述其他问题一样，民众因为对新冠疫情普遍程度、重症及致死概率与传播机制的怀疑，对已有防疫措施的效果的理解，对防疫总体时间和前景的预期，以及自疫情以来各种信息［包括谣言与阴谋论（例如疫苗包含追踪芯片）］的交汇，在复工复学与疫苗接种等问题上，尽管出现多次全美国范围的大讨论，但仍旧延续了政治化和共识难以建立的局面。最后值得一提的是，上述类似争论和分歧，在其他国家，例如英国、德国、法国等也有出现。与上文中提到的居家令和口罩令一样，这些关于复工复学和疫苗接种的争论，都与这些国家本身的社会、历史、政治等格局交织，既各具复杂性，又有一些共同点，学者未来的相关研究将帮助我们更系统和深刻地理解疫情所带来的这些社会变迁。

疫情背景下的种族与排外问题

在疫情期间，美国的种族分化与歧视问题不断激化，种族矛盾与结构性歧视因为美国疫情的不断加剧和死亡人数的飙升而凸显。本文将这些与种族相关的社会变化分为两类：第一类是针对华人与其他亚裔的仇恨言论与犯罪问题。这类问题不仅在美国存在，在全球其他多个国家也都存在，给海内外华人同胞的日常生活、工作、出游甚至基本人身安全都带来了较大负面影响，会延续并不断演化。第二类是美国的其他少数族裔在疫情当中所面临的困境与挑战。当然，现实中这两个方面相互交织，并非泾渭分明。

（一）针对华人与其他亚裔的歧视与仇恨

特朗普在位时期曾公开将新冠病毒称为"中国病毒"，并用Kung-Flu（功夫流感）等歧视性的语言将中国、中国人与新冠疫情联系起来；其他国家例如意大利、巴西等的元首和官员也曾发表过对中国的歧视性言论。自从疫情在美国暴发以来，针对中国移民和留学生、华裔和其他亚裔的仇恨犯罪愈演愈烈，严重程度从网络上的语言攻击、面对面的语言与人身攻击到凶杀等都有出现（见图2）；美国唐人街的店铺以及其他被视为与华人或者其他亚裔有关的饭店商店等也都出现过遭到攻击破坏的情况，造成了经济和精神上的双重损害。

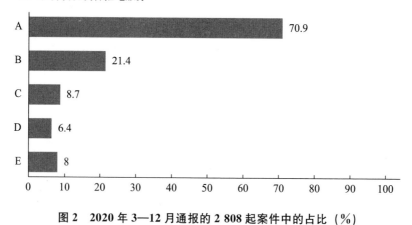

已通报的歧视有哪些种类？
A：口头骚扰　B：回避　C：肢体冲突　D：被人咳嗽/吐痰
E：职场歧视或者拒绝服务

图2　2020年3—12月通报的2 808起案件中的占比（%）

资料来源：Stop AAPI Hate Reporting Center.

疫情暴发后两个月，美国全国性亚裔组织 Stop AAPI Hate 开始收集疫情期间针对亚裔的仇恨犯罪的数据，当时就已有将近 1 500 起，而其中有 125 起都涉及身体攻击；根据最新数据，从 2020 年 3 月到 2021 年 6 月，一共有 9 081 起针对亚裔的仇恨犯罪，其中有 4 548 起发生在 2020 年，4 533 起发生在 2021 年。

这些具有很强针对性的歧视言论和行为，一方面直接从人身、经济和精神上对华裔和其他亚裔群体产生了伤害，另一方面又增加了他们的恐惧感和自我保护意识，使得他们在出现症状以后更不愿意就医，从而增加了这些群体感染病毒或者疫情加重的风险。凯撒家庭基金会（Kaiser Family Foundation，KFF）在 2021 年 2 月和 4 月对美国的亚裔低收入人群进行了抽样调查和分析，结果显示有三分之一的受访者表示在美国疫情暴发以后感受到了更多的种族歧视，其中有超过十分之一的人在过去一年内（即疫情暴发的一年）遭遇过针对自己的语言或者人身攻击；有将近一半的人（48％）表示疫情降低了他们承担基本生活开支（住房、食物、水电等）的能力；有超过一半的受访者（54％）家庭因为疫情有人失业或者收入下降；更多的人（58％）担心自己已经感染；还有十分之一的人担心自己的移民身份会因为疫情受到不利影响。这种针对华人和其他亚裔人群的仇恨言论和仇恨犯罪等，也发生在法国、澳大利亚、俄罗斯、英国等多个国家，在新冠疫情在全球暴发的最初两周就发生了 178 起。

值得注意的是，2020 年和 2021 年间美国政府进行了换届，而拜登上台后不仅并未延续特朗普的公开歧视性言论，还签署了反对仇恨犯罪的法案，但是仇恨犯罪和歧视言论却依旧在延续。实际上拜登政府 2021 年上半年关于病毒溯源与追责的一系列措施和讨论，同样给美国亚裔群体带来了压力和忧虑，因为对美国在国际上的竞争对手的指责和调查，在疫情的大背景之下，非常轻易地会在美国国内转化成对亚裔群体的怪罪和攻击，而从实质上延续对他们的歧视和仇恨。在拜登政府发起 90 天的病毒溯源调查以后，就有美国的华裔领袖担心这种溯源调查的结果会使针对华裔的仇恨和暴力变得合理合法。有二十多个相关组织写信给拜登总统指出拜登政府对中国的强硬态度以及对中国是病毒发源地的指责会让美国亚裔的处境更加艰难。他们在信中还强调，从历史上看，中美关系往往会影响到身在美国的华人的处境，而当前也是如此。美国政府对中国的态度，特别是病毒溯源调查和即将发布的报告，会继续煽动仇恨、暴力和种族主义。虽然美国的溯源调查最后没有定论，但是亚裔遭遇的歧视与仇恨，以及由其所引发的焦虑和恐惧情绪，在国际和美国国内形势并未产生根本改变的情况下，在一定时间内必然还会继续。

（二）其他少数族裔在疫情当中所面临的困境与挑战

美国的种族问题由来已久、情况复杂，种族与性别、阶级等其他社会因素交叠作用，加之新冠疫情的传播在美国各个地区之间非常不均匀，影响的严重程度也和这些因素交织起来，加剧了多个维度上的不平等，其中一个最主要的维度就是种族。在疫情之中，少数族裔遭受的负面影响程度更深，范围更大。美国新冠死亡率最高的 10 个县里，有 7 个是有色人种占多数的县（见表 2）；在死亡率最高的 50 个县里，有 31 个县的有色人种人口占多数。

表 2　美国有色人种新冠死亡率

县/市	州	有色人种（%）	新冠死亡人数（万人）
1. 汉考克	佐治亚	75.8	45.7
2. 盖拉克斯	弗吉尼亚	24.7	42.2
3. 兰道夫	佐治亚	65.1	38.1
4. 特勒尔	佐治亚	64.5	35.0
5. 尼肖巴	密西西比	41.4	34.0
6. 麦金利	新墨西哥	91.2	33.4
7. 恩波里亚	弗吉尼亚	77.5	31.6
8. 厄里	佐治亚	54.4	30.9
9. 霍姆斯	密西西比	84.4	29.9
10. 詹金斯	佐治亚	44.0	28.3
11. 纽约市*	纽约州	67.9	28.1

资料来源：USA TODAY analysis of Johns Hopkins University COVID-19 data as of Sept. 1, Census Bureau.

＊纽约市包括 5 个行政区。

　　美国系统性的种族不平等以及它与经济及阶级分层之间的紧密联系，使得少数族裔的防疫条件和应对能力在多个方面都比白人薄弱很多。首先，少数族裔在高收入行业中的比例较低，而在低收入高风险行业的比例较高，因此在疫情暴发后，有更多的少数族裔成为核心劳动人员（essential workers），所以出于工作原因必须上班，无法居家隔离，因而暴露与感染的风险更高。其次，少数族裔的居住和卫生条件都较差。美国的常见居住社群选择使得白人和少数族裔呈现居住区内部同质性高、外部同质性低的状态，居住区的经济差异与族裔分割互相作用，使得少数族裔社区普遍人口密度更高、基础设施更差、交通更不方便、医疗条件更差，因此居民本来的身体素质就更弱，就医环境更差，有基础性疾病的人数也更多，因而整体对新冠疫情的抵抗能力就更差。再次，美国不平等的环境政策，倾向于将污染严重的企业往更贫困的地区迁移，而现有研究也已经发现 PM2.5 含量更高的地区，感染新冠病毒病例的死亡率更高。贫困和种族不平等问题交叉，使得少数族裔贫困率更高，因为环境问题而导致的心肺功能也更差，医疗保险覆盖率更低，因此在新冠疫情传播的这种危机时刻，少数族裔受感染概率更大，重症与死亡率更高，治愈和恢复正常生活质量的可能性更小。最后，贫困、污染和高风险的工作，又往往与落后的子女养育和教育条件相关，这样少数族裔、贫困地区的青少年，受到疫情的不利影响更为全面，除了疾病风险和生存质量的恶化以外，还会面临更早更严峻的教育分层和阶级复制，而社会不平等的延续和再生产便也在疫情当中变得更加清晰。

上文提到的与疫情相关的歧视与仇恨犯罪，也发生在亚裔以外的少数群体身上。布鲁金斯（Brookings）引用 2021 年 AAPI 上半年的问卷调查指出，由疫情引发的歧视与仇恨犯罪也针对亚裔以外的少数族裔，例如黑人、拉丁裔和原住民等等（见图 3）。

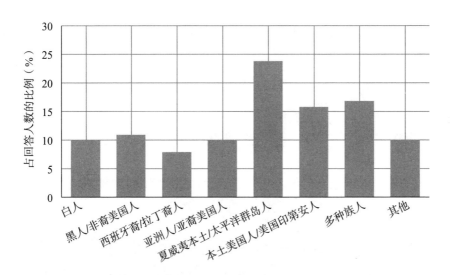

图 3　对"你是否被人咳嗽/吐痰"的回答为"是"的人数占回答人数的比例

资料来源：https：//www. surveymonkey. com/curiosity/aapi-data-2021-discrimination/.

注：调查时间为 2021 年 3 月 18 日到 26 日。

综上所述，新冠疫情虽然是一场大规模、意料之外的新型全球传染病，但是它在美国所引起的社会变迁，是深深嵌入于美国原有的社会和政治版图中的，原本休眠、萌芽或蠢蠢欲动的社会思潮与格局演变，因为疫情的席卷，以不同的速度和方式呈现在世人面前。其中一些趋势，例如极右翼势力的抬头，在全球范围内也似有呼应，因此不管对美国还是其他国家在新冠疫情时期的变迁的研究，都会得益于对该国历史、文化、政治和社会形态的总体把握。

下面将在疫情的大背景下探讨另外一个问题，即劳资与阶级问题。这一问题与上述两个大问题一样，都需要置于一个复杂的互动力量之网中进行考察。本文的意图只是通过初步探讨，对这一问题做一个相对简单的阐释，为读者增添一点点理解的便利。

疫情背景下的劳资与阶级问题初探

2020 年 4 月，皇后大学历史系教授乔舒亚·弗里曼（Joshua Freeman）在美国杂志《雅各宾派》发文预测，新冠疫情会引发罢工浪潮。文章指出，一个世纪以前的美国大流感以后，有 400 万工人（相当于当时全美国劳动力的五分之一）参与了全美国范围的大罢工，这一数字史无前例。虽然很多罢工发生在当时疫情得到控制后，但是在疫情期间或疫情刚结束的时候，就有很多地区例如纽约和西雅图等发生了罢工。不过，当代人对这段历史的解读却很少将流行病和罢工潮建立联系。实际上一战、全球化浪潮和资本主义危机这些时代重要事件让罢工潮和大流感变得密不可分，从这些交织的社会变迁之中我们可以洞悉二者之间的联系，并预计此次新冠疫情可能带来的罢工浪潮。

一年半以后，这篇文章一语成谶。现在，美国内外给这个十月起了一个特别的名字，叫"罢工十月"（Striketober），而这个词汇也在美国的社交媒体不断流行。的确，自疫情以来已有10万美国劳动者——从矿工、医务人员、教职员工、加油站工人、电商平台工人、工厂生产线工人到好莱坞的影视业人员——正在参与罢工或是准备罢工。根据《发薪日报告》（Payday Report）提供的疫情动态地图，从2021年3月开始，美国已经发生了1 350起罢工。也有另外的统计方法，例如康奈尔大学产业与劳动关系学院开发的劳工行动追踪器认为是175起，计算和定义差异较大，该追踪器将罢工（strikes）和劳工抗争（labor protests）分开计算。而2021年10月几起重大罢工让美国和国际社会对疫情以来罢工浪潮的范围和影响力也有了更多的认识。2021年10月初，美国麦片生产领军企业家乐氏（Kellogg's）在密歇根、内布拉斯加、宾夕法尼亚和田纳西的四个工厂的1 400名工人举行了罢工。随后，农机生产商约翰迪尔（John Deere）的1万名工人举行了大罢工，接着影视业人员工会的6万名员工和医疗服务巨头凯撒医疗（Kaiser Permanente）的2.4万名员工，都在积极准备发动罢工。

（一）疫情罢工潮试析：谁的居家、谁的过劳

此次罢工潮最直观的特点是参与罢工的劳动者多数是在疫情当中因为各种原因而冒着感染风险仍继续加班加点的劳动者，而这些劳动者的雇主则通过他们的劳动付出在疫情期间获取了暴利。"罢工十月"的第一个较为受关注的罢工是麦片生产巨头家乐氏的工人罢工运动，该起罢工运动就是由疫情期间高强度的劳动和恶劣待遇引起的。虽然以前的工作条件和待遇也不尽如人意，过去几十年如家乐氏这样的大企业用加速裁员和转移海外等话术对工人和工会进行威胁以遏制罢工。但是，疫情暴发使得劳资关系中的剥削性质前所未有地凸显。在疫情最严重的 2020 年，家乐氏的利润达到了 12 亿美元，股价也随之上涨，公司业绩达到了两年之内的新高。公司在其公开发表的声明里承认疫情是该公司利润飙升的主要因素。美国民众的居家隔离生活带动了日常生活消费品，特别是家乐氏生产的麦片和即食食品的购买量、消耗量和囤积量。而这样井喷式的市场需求则是通过一线工人加班加点的辛苦劳动来完成的。参与罢工的工人在疫情期间要一天工作12 小时，周末休息时间也不断减少，而他们的劳动果实——公司丰厚的利润——则被收入 CEO 和股东囊中。农机生产商约翰迪尔的收入在 2020 年第四季度也创新高，达到 17.9 亿美元。

同理，疫情期间的居家隔离和关闭公共娱乐场所使得电视剧、电影等网络平台播放的娱乐产品需求大大增加，而从中获利的流量平台和影视公司，如网飞（Netflix）、华纳兄弟公司等也是通过影视行业劳动人员的加班工作而实现了利润的迅速增长。电影电视制造者工会人员表示，这些公司也常出现加班到每天12小时的情况，没有给工作人员提供足够的休息时间。这些获利颇丰的企业，既收割着由疫情带来的消费与生活方式改变所带来的利润好处，又加紧对工人的盘剥。一方面，员工不仅每天要工作12~16小时，被迫接受更差的工作条件、更低的退休待遇和医疗保险待遇，而另一方面，此前同意提高员工工资，以抵消疫情期间通货膨胀导致的员工生活成本增长的企业，比如家乐氏和约翰迪尔，竟打算食言收回这些福利待遇。

疫情给工人带来了更繁重和更危险的劳动，这促使他们重新审视劳资关系，促使他们对自己的力量重新进行考量与认识。一方面，疫情带来的市场需求和公司业务增长给普通员工带来了繁重的劳动和更为苛刻的工作环境；另一方面，他们的谈判能力因为这样的需求增强了，罢工带来的损失对资方来说更为巨大。所以，罢工工人的诉求也更为全面，除了工资方面的待遇以外，工作时长、工作周期、工作安全和过度劳动等都出现在罢工的诉求中。当然，与其他罢工类似，这些罢工都是在工会与雇主的谈判破裂以后采取的策略。农机公司约翰迪尔的 1 万名工人罢工，就是在雇主无法满足他们提高工资的条件反而降低了退休待遇后发起的；而医疗巨头凯撒医疗遭遇的 2.4 万名工人罢工也是在他们与资方的谈判僵持不下后发起的，这一大罢工的诉求是年薪增长 4%，增加休息时间来应对疫情期间的过劳情况。不过，罢工的诉求并不一定能得到满足，而罢工人员的前途也各不相同。前文提到的矿工罢工发生在亚拉巴马州，但是到现在仍未有定论，纽约的汽油罢工工人则以被解雇而惨淡收场。此外，2021 年 10 月初开始的家乐氏罢工，也以 1 400 名罢工员工的被解雇结束。

（二）疫情与阶级不平等

从前文关于种族歧视和罢工潮的介绍中，我们可以窥见一些疫情中阶级不平等的情况。例如前面提到的少数族裔在核心行业中的比例更高，在隔离政策下，也不得不继续外出工作，因而感染风险也更高。疫情罢工潮中的工人多数是在疫情中继续工作且工作时间更长。为了保障疫情期间的社会基本运行，美国国土安全部下属的网络安全与基础设施安全局发布正式文件，在文件中规定了被政府视为美国维系核心功能运转和基础设施功能的产业与相关服务行业，而列在前面的几个行业，也恰恰出现在了罢工潮里：医疗与公共卫生（凯撒医疗）、食品与农业（家乐氏和约翰迪尔）、能源（纽约汽油工人）。除此之外，还有运输与物流、执法与公安、应急、水利和废水处理、通信与信息技术等。

这些被列为"核心劳动人员"的群体，虽然收获了媒体、政府和社会普遍的赞扬，但实际上是社会与经济不平等的承担者和付出者。或者说，疫情的到来用更为清晰的笔触将原本就存在的阶级图景勾勒得更为显而易见。疫情当中的这些核心行业，与白领的高收入行业形成鲜明对比，后者以白人男性为主导力量，而前者则包括更多的女性、少数族裔和移民。换句话说，美国社会中历来在社会结构中位置更低的群众，构成了这些核心劳动人员的主体。同时，这些核心劳动人员构成了美国所有低收入人群的一半（47％，根据布鲁金斯所引用的美国劳工部的数据），他们的收入中位数低于一小时 15 美元。疫情的到来和生活方式的改变，把这种阶级的不平等格局以肉眼可见的方式展现了出来。白领人群、专业人士使用线上手段居家工作、开会、社交，在家中通过外卖、网上购物、在线娱乐、远程教育等方式满足生活所需并避免感染新冠病毒；而蓝领的核心劳动人员则必须冒着疫情风险外出上班，生产商品、开车、保洁、收银、送外卖、送快递、搬运货品、照顾病人、清理街道等。而这些行业并未因为在疫情中显得更重要、更急需、更危险而获得与付出相匹配的回报，有很多人甚至入不敷出，需要政府补贴救助才能勉强生存。结合上文提到的，很多企业依赖工人加班加点实现了利润的巨额增长，却不仅不与员工分享利益，还要提出更为苛刻的条件。叠加在疫情中核心劳动人员本来就存在的更差的居住条件、医疗卫生条件、交通条件和儿女照料与教育机会等方面的劣势，这些多重的不平等与疫情中新的危险因素及劳动强度结合以更加鲜明和残酷的方式展现出来，而罢工潮正是对这些根深蒂固又难以回避的阶级张力和不平等形势的一种普遍又无奈的反应。

除了居家办公人士和出门在外的核心劳动人员外，还有大批在疫情当中的失业或无业人员，他们的处境更为恶劣与危险（见图4和图5）。疫情当中的失业，除了由于上文提到的因为子女居家远程学习带来的照料问题以外，很多是由于疫情中的各类隔离、关门、歇业等，以及各种公共场所和文体活动的暂停。根据美国劳工部的数据，2020年4月美国失业率创新高，达到了14.7%，全国有2 000多万人失业。而将2020年与2019年同期数据进行比较，可以看出由疫情导致的失业最为严重的八大行业分别为：休闲及餐饮服务业，煤、油、天然气开采业，旅游交通业，建筑业，电影和音乐业，洗衣等其他私人服务业，自由职业者，食品衣物与其他商品制造加工业。这些行业多数与疫情带来的生活与消费方式改变有关，例如休闲及餐饮服务业，旅游交通业，煤、油、天然气开采业。在公共场所聚集和外出大量减少的情况下，这些行业都面临市场需求的急剧下降。其他行业如电影和音乐业、食品加工生产和洗衣等私人服务业等则是因为这些工作本身需要工作人员内部或者工作人员与顾客之间的直接接触。特别是食品加工生产业，在疫情早期食品加工生产业人员感染比例更高这一情况显示出该行业从业人员受到的疫情影响十分严重。

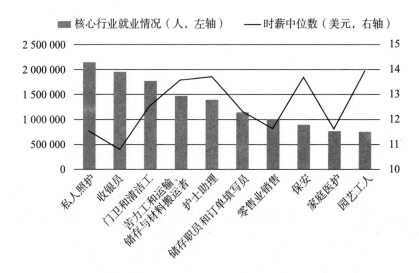

图 4　2018 年时薪中位数低于每小时 15 美元的十大核心职业

资料来源：布鲁金斯的分析数据来源于 Adie Tomer 和 Joseph W. Kane 的报告《为了在新冠疫情期间和以后保护前线工人，我们必须定义他们都是谁》。原始数据来源于美国国土安全部和劳工部。

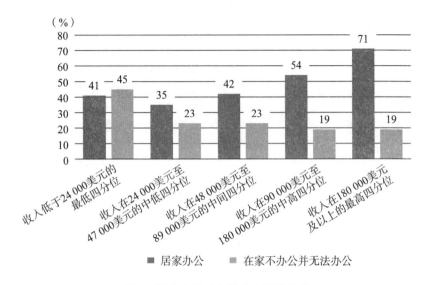

图 5　居家办公对有钱人来说更简单

资料来源：从盖洛普面板中随机选取 8 572 人组成样本，在 2020 年 3 月 16—22 日接受布鲁金斯电话访谈所得数据。

　　从阶层角度来看，低收入的劳动人口失业最为严重。从 2020 年 2 月到 2021 年 2 月一年之间，就业率下降了 11.7%，就业人口从 2 810 万下降到 2 480 万。中等收入群体失业比例是 5.4%，即就业人口约为 550 万人。而高收入群体的就业率基本维持恒定，就业人口仍旧是 2 800 万。当然，与上述其他问题一样，失业及阶级分化与种族及性别这些维度紧密交织。皮尤研究中心（Pew Research Center）的研究显示，疫情对不同群体的失业打击是不同的。首先，在疫情第一年失业的女性为 240 万，男性为 180 万，而在整体的美国劳动力构成中，女性的比例本就小于一半，由此可见疫情使这一性别分化更为严重。

其次，在这些女性中所占比例最高的是拉丁裔和黑人女性，在 240 万的失业女性中，有多达 58.2 万个拉丁裔女性和 51.1 万个黑人女性，这两个群体加起来占了失业女性人口的 46％，但是她们本来在美国女性劳动力中的比例就已经低于 30％。正如上文所提到的，美国劳工部发布的受影响最严重的八大行业中，在排名第一的休闲及餐饮服务业中，通常有比例很高的拉丁裔女性。因此，这一行业的衰退，是导致拉丁裔女性失业的重要因素之一。皮尤研究中心还指出，因为官方统计和定义的使用，实际失业率应该比美国官方所公布的数字更高。经过疫情的一番震动，美国女性和男性的失业率基本相当，而失业率最高的是拉丁裔和黑人，不论男女，这一数字在 2021 年 2 月已经达到了 10％。

当然，美国政府也认识到这些问题的严重性并采取了一些相关的措施：一方面，拜登上台后表达了与特朗普截然相反的对待工会的态度，后者支持企业主反对工会，而前者则公开对美国最大电商亚马逊（Amazon）员工组织工会和罢工行动表示支持；另一方面，白宫发布了《美国救助计划法案》，这是一项为少数族裔女性提供直接经济支持、育儿税收优惠、资助学校复学等帮助的法案，该法案已经签署生效，而其实际效果也许要在一段时间以后才能看到。

总而言之，上面所介绍的三个方面——对待疫情与防疫政策的态度与行为问题、种族歧视与仇恨犯罪问题以及罢工潮和阶级不平等问题——都是美国复杂、多变的社会图景在不同维度和不同层次上的交叠呈现。而新冠疫情的暴发，使得这些特点与趋势在较短的时间内以较为激进和强烈的方式展现了出来。下面所要探讨的是第四个侧面，即民生与经济问题。

疫情背景下的民生与经济问题浅谈

疫情期间美国发生了通货膨胀。白宫在 2021 年 4 月发布的报告中指出，可以与新冠疫情类比的历史事件在美国并不多见。但是一个世纪以前的大流感和一战、二战都带来了短期的通货膨胀，虽然当时的情况和新冠疫情有一些不同，但是白宫预计未来几个月很有可能会发生通货膨胀。本部分将对通货膨胀以及相关的民生和政策问题进行简单的探讨，并简单呼应罢工问题。

（一）通货膨胀、财政政策与经济计划

白宫指出，预期的通货膨胀主要由三个暂时的因素造成。第一个因素为基数效应（base effect），即通胀计算的初始月增长率过低或者过高。而在疫情初期即 2020 年 2—4 月，平均价格下降了 0.5%，随

后开始增长，因此将 2020 年 4 月作为初始月，就会出现一个非常不常见的低基数。在 2021 年进行计算的时候，4 月之后的通货膨胀就会因为技术效应而受到影响。而几个月之后这个基数效应将会慢慢减退，对通货膨胀率的计算会更为准确。第二个因素是生产成本的提高，主要是由供应链的中断和不匹配造成的。例如一些商品的供应商位于其他地区，这些地区的供货因受疫情影响而产生短缺的情况。同时，不论是空运、陆运还是海运，运输和仓储成本在疫情期间也在大幅度提高，从而也增加了产品成本。但是白宫表示，这些是短期现象，长期来看情况会改善，而目前有些企业会把这些提高的成本以提高商品价格的方式抵消。第三个因素是对某些产品和服务的需求量激增。2021 年美国国内开始大规模进行疫苗接种，而随着疫情得到一定程度的控制，在 2020 年受到影响的旅游业、交通业和餐饮业等会出现短期内较大的需求回弹，甚至产生供不应求的情况，从而拉高相关产品与服务的价格。而白宫表示，这也是短期现象，随着疫情得到一定程度的控制，经济缓慢恢复，以上这些导致短期通货膨胀的因素都会慢慢减轻或者消失。

当然，因为前文提到的生活方式和消费方式的变化，消费模式和通货膨胀率的计算也理应反映出相应的变化。对此，美国经济研究局在 2020 年 7 月发布工作报告，其中作者卡瓦略（Cavallo）对疫情所带来的消费方式改变做了考察，把实时开销纳入计算当中，从而开发出了一个专门针对疫情的消费者价格指数（COVID-19 consumer price index，COVID-19 CPI）（见图 6），并与官方的通胀指数进行比较。他所得出的疫情期间的指数，在 2020 年 1 月和 2 月与官方方法计算的结果几乎相同，而二者之间的差别是从 2020 年 3 月开始的，即从疫情暴发开始显现出来，而随着疫情的不断加重，二者之间的差异越来越大。而二者之间的差异来源之一是对食品和汽油的计算加权，官方的加权有差不多两年的滞后期，而卡瓦略则是用疫情当中的即时现实情况来加权。当然，即便是用不包含食品和汽油这些类别的核心 CPI 进行比较，疫情核心 CPI（COVID core CPI）也要高于官方的核心 CPI，而这一差异的来源主要是对非能源消耗类交通这个亚类的加权上的差异。

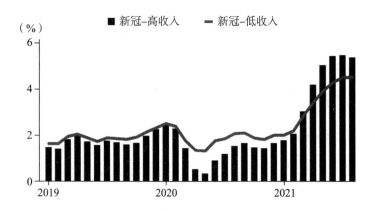

图 6　美国高收入家庭面临显著增高的年度通胀

资料来源：Cavallo（2020）. Inflation with Covid Consumption Baskets.

　　白宫关于通胀的暂时性、短期性的表态与美联储的财政政策是一致的，可以较为粗略地概括为重就业轻通胀，或者至少在短期内提高就业的优先级别使之高于通货膨胀治理。美联储主要使用利率作为政策工具，对就业和通货膨胀进行调节，而目前采取的以就业为先的财政政策，也可以帮助我们更全面地理解前面提到的罢工潮。因为美联储的财政政策使得疫情以来的劳动力市场相对较为紧俏，罢工工人有了更大的选择权。

　　国际货币基金组织对美国的经济计划进行分析时也表示对通货膨胀以及美国未来经济形势的预期较为乐观。2021 年 7 月，国际货币基金组织对拜登政府的"重建更好未来"系列发布评估预测。这是一个由白宫三套经济法案组成的未来 8～10 年整体经济政策计划组合：第一个是上文讨论失业时提到的"美国救援计划"，第二个是"美国就业计划"，第三个是"美国家庭计划"。国际货币基金组织的分析重点是后面两个计划，指出这些计划是对因疫情造成的经济不平等加剧的一种应对。前文提到的育儿税收优惠，以及扩大医保、基础设施投资、研发经费、教育经费等方面的刺激，可以帮助应对疫情所带来的诸多经济挑战。

　　国际货币基金组织对拜登政府的经济计划总体预测是"美国就业计划"和"美国家庭计划"会在 2022—2024 年累计带来 5.3％的 GDP

增长。这一数字把经济刺激带来的直接和间接效应都考虑进去了，因为不同的政府投入为经济增长带来的影响方式和程度都不相同。国际货币基金组织通过举例说明了给居民家庭带来的直接金钱激励，比如上文提到的育儿税收优惠会增加消费，而育儿方面的支持，又会鼓励父母更多地进入劳动力市场，而对基础设施、研发、教育方面的经费则会从长远角度提高生产率。当然，国际货币基金组织也指出，对于这些经济计划所带来的效果和采取的经济模型有关，并将国际货币基金组织的 G20MOD 模型和美联储的 SIGMA 模型放在一起进行比较。

回到通货膨胀问题，国际货币基金组织指出以上经济计划会带来一定的通胀压力，但是这些计划将在未来十年逐渐开展，而随着计划的推进，供需关系会得到相应调节，从而改善通货膨胀情况。国际货币基金组织预测，到 2022 年底通货膨胀大约达到 2.5% 的水平，但同时又表示美国有足够的财政空间来落实上述计划。

而作为对通货膨胀的应对措施之一，美国政府宣布将在 2022 年把社会保障待遇提高 5.9%，这一增长是 1982 年以来最高的，影响美国 700 万人的生活。自 2022 年 1 月开始，退休人员平均一个月可以拿到 1 657 美元。

根据美国财政部的预测，因疫情影响带来的大量失业和相关财政收入下降，社会保障信托储备金会在 2033 年全部消耗完毕，比 2020

年同期的预估提前一年左右。其中，用于支付退休待遇的老年人与遗属信托基金（Old Age and Survivors Fund），在 2033 年以后只能支付这之前的 76％；另外一个残疾保险信托基金则会在 2057 年用尽，这比 2020 年同期的估计提早了 8 年。这两笔储备金合起来预计会在 2034 年用尽，比 2020 年同期所做的估计要提前一年。如果考虑到通货膨胀，那么形势看上去更加严峻。前面提到疫情期间的物价上涨、生活支出更高了，因此社会保障中的生活成本调整（cost-of-living-adjustment，COLA，从 1975 年开始每年自动调整）也达到了近 30 年来的新高，即上一段提到的 2022 年即将落实的 5.9％，而在 2021 年 COLA 是 1.3％。① 美国历史上较高的 COLA 数字出现在 20 世纪 70 年代通货膨胀最严重的时期，在 20 世纪 80 年代曾经一度达到 14.3％。因此，加上通胀的可能影响，美国财政部目前的估计也许在未来还会有所改变。

（二）相关民生问题

在疫情中，白宫在宏观层面所指出的供应链和航运等通货膨胀问题在美国民众的日常生活中，特别是一般消费领域里所造成的直观感

---

① COLA 的计算是根据上一年度第三季度到本年度第三季度的城市务工人员消费者价格指数 CPI-W 做出的。

触就是物价上涨、多种商品的短缺和各类物资收货时间的大大延长。受影响的商品多种多样，如食品、药品、电子产品、衣服、玩具、家具等等，而美国最大的零售商如沃尔玛、开市客（Costco）、塔吉特（Target）等已经开始使用私营专属点对点航运服务来填补供应短缺，这种小型私营运输方式因为成本高昂，生意并不兴隆。但是目前一天已经可以获得 14 万美元的收入，为疫情前的几倍。这种运输方法不仅价格高昂且运载量较小，因此并不能成为传统运输方式的正式替代，只是疫情期间的一种临时补救方式，而它所造成的额外成本往往以商品提价的方式被转嫁给一般消费者。目前，这些大型零售商都是部分依赖私营运输服务，一方面利用它们在码头和卸货方面的灵活性缓解供应压力，另一方面也让这些零售商能够对即将到来的几波美国节假日购物高峰做出一定准备。2021 年 10 月 13 日，拜登宣布南加州两大全国性重要港口——洛杉矶和长滩港——将全天候 24 小时运转来应对货物积压、港口拥挤的情况，以增加供给。在这项命令颁布以前，洛杉矶港已经有大概 50 万个集装箱的货品积压，而有意思的是在已使用私营运输的几大零售巨头中，沃尔玛是有过相关经验的，而上次它自己包船运货，恰恰是在 2012 年洛杉矶和长滩码头大罢工期间。

美国国内运输也面临运力紧张的情况。当前，美国国内的平均运载压力相当于 16 卡车的货物需要用一辆卡车提供运输。美国邮政

(USPS) 从 2021 年 10 月 1 日开始涨价，并增加了头等邮件的运输时间。而在 2021 年最后两个月，美国的几大重要节假日使得相关消费运输需求激增，因而运输情况更为严峻。因此，美国运输巨头 UPS 也提醒消费者把节日购物和礼品邮寄等活动提前。因此，美国几大电商平台都提前开始了节前促销活动，在网上对节假日较为畅销的商品降价，以缓解未来两个月的供货、发货和运输压力。2021 年 9 月，咨询公司德勤对美国消费者专门做了一项关于运输延迟与节假日消费安排的调查。调查显示，多数消费者认为延迟是由运输公司或者外部因素造成的（见图 7）。有 39% 的受访者表示他们为了保证过节期间能及时买到并且收到想要的商品打算提前购物，而他们最担心会买不到的商品是电子产品、玩具和家庭用品。

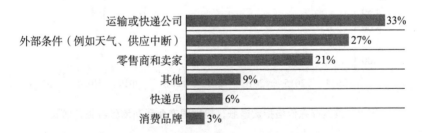

图 7 消费者把无法按时收货归咎于谁？

资料来源：Deloitte Retail Buyer Survey, Holliday Season 2021 (September 2021)，Survey of 3, 820.

不过，这样的情况在年末节假日消费高峰过后可能还会持续，甚至可能持续到 2023 年。当然，美国供应链和航运的问题何时可以得到基本解决，与美国以外的其他国家，特别是中国息息相关。全世界 10 大装载港口，有 7 个位于中国（分别是上海港口、宁波舟山港口、深圳港口、广州港口、青岛港口、香港港口和天津港口），而美国有 42% 的集装箱运载量来自中国，中国不仅生产大量美国所进口的产品，还负责组装来自其他国家的零件并再对美国进行出口，而在疫情期间，中国的出口预计在 2022 年实现 21% 的增长，为十年来的最高点，中国的产业利润率也维持在较高水平（见图 8）。因此，对于通货膨胀、经济政策和供应链的探讨，需要更多的学者将相关问题置于全球视野内进行考察。

图 8　虽然存在价格指数通胀，但中国产业利润率保持强劲增长

资料来源：中国国家统计局。

政治版图与选举展望

2022 年 11 月 8 日，美国国会中期选举将会如期开展。在国会层面，若干资深议员即将退休，政治新人跃跃欲试。民主党和共和党在众议院和参议院的竞争都将异常激烈，与选举或者连任相关的筹资活动也越来越积极。2022 年的中期选举将会因为拜登政府以及各个议员在疫情中的"业绩"而与以往大不相同。目前共和党和民主党所收到的竞选资助都超过以往两届中期选举。以上所讨论的内容以及尚未提及的美国社会、经济各方面的变化，与前文一直强调的 2020 年大选和政府换届有着密不可分的联系。而这些复杂的变化，也必然会在政治格局和中期选举中以集中、剧烈和戏剧化的方式呈现出来。错综复杂的社会问题也必将会以扭曲的方式呈现为锋利的政治武器，从而被用来吸引选民进行政敌之间的互相攻击。

当前若干政策及其政治与选举影响

上文提到的拜登政府的经济计划，由于其过于庞大因而在议会通过的可能性不是十分乐观，而这让很多民主党人感到焦虑。当然，一个全国性并涉及美国未来 8～10 年走向的经济政策，在政治上的度十分难把握，众口难调。拜登因为是接替特朗普执政的，而疫情也是在特朗普在位的时候暴发的，因此在上台之后，需要做出改变以振奋民心，且疫情以前全美国经历了上文分析过的种种社会与经济挑战，更凸显出一个能够带来希望和发展前景的经济计划是必不可少的。但是，如果这个计划太宏大、需要的财政支持太高，会让偏保守的议员感到为难；而如果计划不够大，又难以满足其他议员的要求，让他们无法给抱有期待的选民们一个满意的交代。现在，在野党共和党抓住了这个机会，把拜登的经济政策作为主要攻击对象，针对这方面来安排中期竞选策略。参议院少数党领袖米奇·麦康奈尔（Mitch McConnell）坚信拜登的支持率对中期选举的影响是最关键的，即选民对总统的评价会影响到他们对自己的选区的民主党议员的印象。

共和党的策略之一就是把上文提到的通货膨胀、物价上涨，不是和上文提到的白宫列举的航运、基数、生产成本等因素相联系，而是与民主党普遍支持、共和党普遍反对，最终在 2021 年 3 月通过立法的 20 亿美元疫情缓解法案联系在一起。该法案包括医保、环保等各种各样的项目，而共和党指出这些庞大的支出带来了巨大的财政压力，让通货膨胀愈演愈烈，对美国经济造成了不利影响，而民主党则会将这样的政府开销当作通货膨胀的对策，而非成因。当然，民主党也已经意识到，如果不抓住中期选举以前的机会，取得立法和政治的一次主要胜利，那么他们在中期选举中的胜率将会大大下降，从而无法保住他们在众议院的多数党地位，而保持参议院多数席位的希望更加渺茫。

共和党作为在野党在政治上实施的这种压力，有一部分正与美国2021年的疫情发展和失控紧密相关。在2021年6月，拜登曾经野心勃勃地表示要给大家一个"自由之夏"（Summer of Freedom），而这样半许诺半鼓励性质的话语在民主党和共和党有中期选举计划的人中都有一定的接受度。但是疫情并没有像大家希望的那样成为过去，拜登在2021年7月4日美国国庆节想要鼓舞民众士气并表示抗疫前景乐观的做法（邀请一千名核心劳动人员和军队人员到白宫一起庆祝国庆），现在看来有可能适得其反了，因为当时正是病毒变种德尔塔（Delta）肆虐之际，而后续的疫情并未很快得到有效控制。现在可以非常清晰地看出（见图9），自2021年初夏以后拜登的支持率开始下降。因此，拜登政府和民主党人已经无法实现2021年抗疫取得成功这样的目标，他们也无法把政绩和抗疫联系起来。这样的局势让参加中期选举的人被迫做出策略调整，本来准备好的与疫情关系不大的各种议题，都因为疫情战线的明显拉长与其带来的民意及社会思潮的影响——特别是由恢复正常生活的期待受到打击所带来的失望情绪以及可能带来的投票偏好动摇——而被疫情的话题所淹没。

进入2021年11月以后，也就进入了中期选举一年之内的时间区间，关于选举的政治争论和宣传会越来越多，而上文提到的各方面问

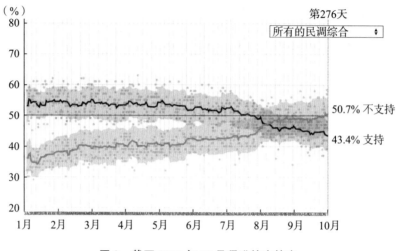

图9 截至 2021 年 10 月拜登的支持率

资料来源：FiveThirtyEight.

注：总统支持率实时更新，并考虑到每个不同民调的质量、时效性、样本规模和政治倾向。

题，会因为选举的政治宣传变得更为复杂。疫情并未如预期般得到控制，拜登庞大的经济计划、通货膨胀等问题与阿富汗仓促撤军等拜登在位第一年的事件相联系，为在野党提供了他们需要的素材：将拜登刻画成一个失败的总统，而他所大力推行的抗疫措施，也会因为他在政治上的形象而受到影响。因此，本文认为，中期选举的逼近最直接的影响之一就是可能让防疫变得更加艰难。上文提到的拜登政府在口罩、居家和疫苗等防疫措施的推行中所遇到的困难，本就与社会中的一些分歧与政治因素相关，从联邦到个人对抗疫的态度，都带有一些党派性质和意识形态性质。在中期选举越来越接近，各个政治人物粉墨登场的时刻，这些分歧不但可能被激化，还有可能被利用，导致对口罩、居家、疫苗等防疫措施的更多排斥和违抗。这样，为了选票和竞选所做的政治努力，很有可能以普通老百姓的健康为代价，让疫情的战线更长。同时，正如共和党首领所说，当前民众会通过民主党总统的表现来评估民主党的议员并决定自己的选票。这样民主党在参议院和众议院的多数席位都有可能不保，一旦真的如此，拜登在其任期的后两年就会面临与共和党把持的议会无法达成共识、经济恢复与发展等各项措施无法真正推行的局面。

最后，除了与疫情相关的政策、政治之外，还有一个非常实际的操作问题是中期选举如何举行。2020 年的总统大选因为是在疫情期间举行的而遇到了种种困难，如投票点的运行、邮寄票的运输、选票的统计以及选民与选举工作人员的防疫等等。而在投票结束之后，因为各种操作原因和紧张的政治气氛而出现了几天未能确定选举结果的情况。2021 年 1 月，因为对选举结果的各种争议，又发生了特朗普的支持者暴力攻击国会山的事件。这些经验既会给 2022 年的中期选举提供一定借鉴，也会给它蒙上一层阴影。现在甚至有负责大选的州一级官员在社交媒体上收到了死亡威胁。因此，在 2022 年中期选举中美国政府在疫情中的表现和疫情中凸显的社会各个群体的分歧，不仅会成为 2022 年中期选举的符号和杠杆，也会直接影响竞选过程本身的运行以及后续结果的合法性。

可能的国际影响

综上所述，美国疫情以来的社会变迁植根于疫情前的政治、经济、社会图景，而发生在疫情期间的总统大选则使疫情的防控及由疫情引发的一系列社会与经济问题变得更为复杂。而美国国内所发生的变化与美国和其他国家的关系互相作用且互为因果，本部分将对其在国际上可能产生的影响做一些初步推测，目的是为未来的相关讨论提供一个简单的参照或者批判对象。

（一）对中国的可能影响

从上述分析中我们能够看出，白宫对当前通货膨胀的解释较为中性，强调其短期性和技术性，但是共和党已经做好准备，将通货膨胀和拜登政府的经济政策作为一个有力竞选武器来使用，以此来凸显民主党的失败和无能。所以本文认为通货膨胀这一问题与其他许多政策问题如医保、防疫、就业等一样，对于美国一般选民来说是一个难以达成共识的问题，它本身的成因与机制将被掩盖，而它的害处和追责问题将被凸显并逐渐脱离其经济学等科学和政策性质，变成没有定论的政治标签。这样，在未来一年美国中期竞选不断白热化的过程中，中国因为其在全球供应链中的重要位置,有可能会被卷入通货膨胀的互相指责的旋涡。由此可以做出这样的估计,即美国民众疫情期间积累的对正常生活和经济前景的一些憧憬和不安情绪,很有可能在投票问题上反映出来,而竞选人及其团队也会充分认识和抓住这一点,将国内政治、经济问题与外交问题,特别是对华外交问题挂钩,造成中美关系更加紧张,更何况如吴晓刚教授团队所指出的,在疫情之中美国民众对华的普遍负面态度也已经产生。特别是考虑到目前共和党虽然是少数党,但是在参议院和众议院翻盘的希望都比较大,对拜登政府的表现也有着比较鲜明的批判策略,而吴晓刚教授团队的最新研究也发现,共和党人普遍对中国印象更差,因此可以预见,在中期选举到来的这一年,共和党为了争取政治上的胜利,对与中国相关的议题谈论会更加积极、更加负面。2022 年中期选举落幕以后,落选的竞选者先忽略不计,其中赢得席位的竞选者将成为新一届国会议员,他们则会与赢得大选上台以后的拜登总统一样,面临着履行竞选诺言和规划的考验,而这些规划中很有可能包含与中国相关的内容,因此也会或多或少地在实际层面影响美国对华的态度与政策。

(二) 对其他国家的可能影响

本文认为,疫情以后美国在全球格局中想要扮演的角色似乎尚未清晰，而当前其在国际领域的主动和被动影响及其未来走向，有可能呈现两种成分混合的情况。第一种成分是逐渐恢复其冷战以来的主导地位，这种恢复包括与其他发达国家的经济、军事等方面的联盟，对特朗普时代较为孤立的外交策略进行的各个层面的矫正（例如伊朗核武器问题与《巴黎气候协定》等等），对文化与价值观方面的强调等，把美国带回到曾经比较熟悉的全球秩序和话语体系当中，逐渐与盟国恢复特朗普时代以前的关系并重申美国的主导地位。拜登上台以来的一些举措，比如对"自由之夏"的期待、对经济刺激的力度以及对中国的强硬态度等，都可以看作是朝这一方向的努力。而第二种成分则是在疫情以后的全球新形势之下，以国际多元主体为预期进行外交等各个方面的调整。在特朗普上台前后，国际上多个国家就开始呈现去全球化的保守趋势，而上文提到的极右翼势力在一些发达国家的抬头也是这一趋势非常明显的特征之一。美国大选之后发生的攻击国会山事件以及疫情所造成的重创等，很有可能使得美国未来几届政府把经济的重建、正常生活的恢复等国内议题放在第一位，而将对全球领导地位的追求放在其次。同时，国际社会主流思潮很有可能会与曾经的全球化、高流动等发达资本主义国家所推崇的全球化话语产生更大的差异，更加保守化。一些国家的极右翼势力在近几年活跃起来并有所突围，在未来也有可能从极端、边缘的模式逐渐靠近主流，甚至能够以更为建制的方法参与政治活动。

结　语

本文希望指出，疫情以来美国的经验以及对未来国际局势的展望都凸显了建立共识的重要性。在信息技术高度发达的时代，共识变得越来越罕见，信息爆炸、媒体的商业化以及社会各个层面对金钱、政治等利益的浮躁追逐使得交流与信息成为功能越来越单一的商品与话术工具，共识的建立和维系越发艰难，个体、群体与国家的信心也因为共识的不断瓦解而崩溃。美国国内的共识与国家之间的共识，在全球性大流行病暴发的今天是人类共同体克服疫情，重建个人、经济与社会生活的关键。而如何建立共识，则是中国、美国以及其他国家有识之士需要共同努力寻找的答案。

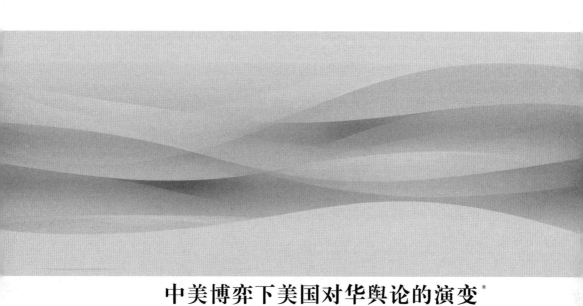

中美博弈下美国对华舆论的演变 *

———————————

　* 本文由周玉黍（中国人民大学国家发展与战略研究院研究员、新闻学院讲师、斯坦福大学传播学博士）代表团队于 2021 年 12 月 21 日发布。

　　长期以来，美国对华舆论具有复杂性和模糊性。中美两国在意识形态、社会制度和价值观方面具有原则性分歧，但同时中国悠久的文化和历史以及改革开放之后中国巨大的市场潜力，对美国民众具有巨大的吸引力。因此，中美建交后，尽管两国之间摩擦不断，但是总体而言美国对华舆论整体上保持相对稳定。

　　然而，随着近十年中国国力的快速提升，国际权力格局中"东升西降"的趋势日趋明显，面临百年未有之大变局。美国对华的"接触＋防范"战略迅速转变为"竞争性对华战略"，"中国威胁论"沉渣泛起，美国对华舆论趋向消极。尤其是最近两年，美国对华舆论的负面态度达到历史新高。超半数的美国民众将中国视为美国最大的挑战。在"中国威胁论"的渲染和恐吓下，美国民众倾向于支持政府的强硬对华战略。美国对华舆论的关切领域从以经济为主转变为以人权问题和政治议题为主，舆论对于中国污名化的传播成为常态。跟随美国对华舆论的恶化，其他一些西方国家对华舆论同频共振，对华舆论的负面态度达到历史峰值。我国面临严峻的国际舆论环境。

美国对华舆论恶化背后的主因是中国等新兴经济体的崛起给西方社会带来的危机感，以及由于美国社会内部的矛盾加剧与盟友之间的裂痕加深而产生的失落感。强化对中国的战略打压成为美国两党之间难得的共识。美国重新以"大国竞争"为战略导向，对华战略出现根本性调整，呈现较为突出的"新冷战"色彩。这样的战略转型也带动了美国主流媒体配合美国政客一起炒作"中国威胁论"，从而污名化中国，误导国际舆论，煽动对华遏制。

美国对华舆论的恶化对于我国发展有着重大负面影响，将有可能推动美国政府出台对华更为强硬的政策和措施，进一步恶化中美关系。同时，西方对华舆论的恶化将对海外华人的生活造成巨大的负面影响，对我国的对外传播、文化科技交流和公共外交活动造成重大阻碍。

为了应对西方对华舆论恶化，首先我们需要清醒地认识到，国际舆论格局中的"西强我弱"现象并未得到明显改善，美国等西方国家仍然把握着国际舆论的主导权。中国在国际上的声音还比较小，还处于有理说不出、说了传不开的尴尬境地。对此，我们应保持战略定力，扩大改革开放，以国家发展为首要任务。在国际传播中，应增强自信，强化议程设置能力，强化在舆论话语体系中的主导权，向国际社会展示"真实的中国"。尤其需要加强全球民意监测，及时了解全球舆论真实动向，为营造良好国际舆论环境做好数据支撑。在传播主体和渠道上，改变对外传播的单一主体，培育多层次、多主体的国际传播，推动以社交媒体为主导的公共外交。在传播方式上，强化"受众导向"，避免"强势传播"，注重感情共鸣，为营造良好、稳定的国际舆论环境不断努力。

美国对华舆论的演变

（一）美国民众对华态度的基本特征

中美建交四十多年来，两国之间的政治、经贸、人文科技交流越来越紧密。中国各方面实力迅速提升，成为全球第二大经济体。在不同的历史时期，中美双方对对方国家的态度呈现波动状态，在其波动的背后，有着下列基本特征。

1. 美国对华舆论的"三个不变"

其一，美国民众对国际事务的兴趣和知识都较为缺乏，他们对中国的基本认知不变。美国民众普遍认为中美关系十分重要。根据美国芝加哥全球事务委员会的调查，美国民众对中美双边关系的重要性认知度很高，半数受访者认为中美关系"至关重要"。然而，美国普通民众对中国近四十年的巨大发展成就的认知较肤浅，对中国的印象依旧主要停留在中国历史悠久、国土辽阔和人口众多上。同时，较为年长的美国民众对中国的认知停留在一些冷战负面思维中。

其二，美国政治精英和大众媒体对公众社会舆论的强大议程设置能力不变。美国普通民众依旧依赖大众媒体涉华报道形成的对华态度。根据学者对美国媒体报道和公众舆论的相关性研究，美国主流媒体对中国的报道明显影响了普通民众对中国的印象。[1,2] 换言之，美国民众对中国的负面态度很大程度上来自美国媒体对中国相关议题的负面报道与政客对中国的带有冷战思维的对抗言论。

其三，涉华重大政治事件对美国对华态度的巨大冲击力不变。例如，在美国对华战略重新定位和新冠疫情的背景下，美国媒体对中国的极端化和污名化报道，加剧了美国民众对华负面的刻板印象。

2. 美国对华舆论的"三个变化"

首先，随着中国国力的提升与快速崛起，中国成为美国媒体愈发重要的报道对象和关注点。在 2010 年中国 GDP 总量超过日本之后，中国已经成为仅次于美国的全球第二大经济体和全球最大的贸易出口国。中国的崛起使得中国议题目前成为美国媒体报道最多的国际议题之一，并且成为美国政坛中最重要的外交政策议题。超过半数的美国民众认为中国是世界格局中最重要的角色之一，也是美国所面临的最强大的竞争者。

其次，中国的公共外交和对外传播日益加强。在全球 80％的新闻流量为四大西方通讯社所掌控的现状下，中国希望通过自己的媒体发声，让世界了解中国，改善中国的对外形象，推广中国文化。2012年，中央电视台在华盛顿设立演播室，从美国首都的心脏地带向美国受众播放英语节目。在 2016 年我国进一步加强对外宣传投入之后，各大中央级媒体在境外媒体网站 YouTube 和 Twitter 上普遍拥有数十万粉丝，并保持相对活跃的信息发布。在推进中华文化传播方面，2004—2019 年，我国已经在 162 个国家和地区设立了 550 所孔子学院和 1 172 个中小学孔子课堂，累计为数千万名外国学员学习中文、了解中国文化提供服务。

最后，随着互联网和社交媒体的发展，美国民众涉华信息渠道更加多元。在特朗普 2018 年 1 月对中国发动贸易战后，搜索引擎和社交媒体中关于"贸易战"的搜索量激增。社交媒体提供了观点碰撞和聚集的场所，同时也带来了意见极化、情绪宣泄、谣言泛滥甚至污名化等问题。在 2020 年初新冠疫情发生后，随着美国政客对新冠疫情起源地进行污名化指控，以《华尔街日报》为首的西方媒体对疫情污名化和对中国的防疫政策进行无理指责，煽动了公众情绪，在西方社交媒体上形成了针对中国的数轮舆论攻击。

（二）美国民众对华舆论的负面态度加剧

近年来，以美国为首的西方发达国家对华舆论整体偏向负面。在新冠疫情全球蔓延之后，众多民意调查结果显示，美国民众对中国的总体态度恶化，其负面态度在 2021 年达到近四十年来的历史峰值。例如，美国盖洛普调查中心的数据显示，2021 年 79％的美国受访者表示对中国持有"负面/非常负面"（mostly/very unfavorable）态度，该比例比新冠疫情前的数据（2019 年）增加了近 25 个百分点。

值得注意的是，在 2021 年的调查中，对中国持有"非常负面"态度的美国民众高达 41％，这一比例接近美苏冷战及中美建交前的 1976 年的调查数据（45％），远超中美建交后各个时期的数据。图 1 给出了 1967—2021 年美国对华好感度调查结果。

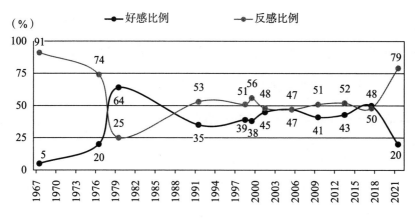

图 1　1967—2021 年美国对华好感度调查结果

资料来源：盖洛普。

美国对华舆论恶化体现在以下几个方面：

1. 美国舆论视中国为"美国最大的威胁"

超八成美国民众认为中国是美国重要的竞争对手/敌人，超半数美国民众将中国视为美国最大的挑战，首次大幅超过俄罗斯。2017年仅 17％的美国民众将中国视为最大挑战（见图 2）。随后四年中，"中国威胁论"在美国舆论场中快速发酵，逐渐成为美国对华舆论中的共识。其中，具有民主党倾向的美国民众更多将中国视为竞争者，然而具有共和党倾向的美国民众则更多将中国视为潜在敌人。近年来，中美竞争加剧，中美在贸易、人权以及众多国际事务上持不同立场。美国政客和媒体将中国塑造成一个规则的破坏者形象，将美国在中美贸易中巨大的贸易赤字视为中国抢夺美国人工作的一个例证。

2016年特朗普上台之后，美国对中国采取一系列强硬对抗政策，在对美国国内宣传时，将中国定位为对美国制度和现行国际秩序的最大挑战者。同时，随着中国学界和智库对"中国模式"的对外宣传，西方媒体对"中国模式"加以扭曲和妖魔化，对美国民众进行了有效的心理威慑和误导。民调显示，过半数美国民众认为中国作为一支强大的军事和技术力量正在挑战和威胁西方民主制度及他们目前的生活方式。

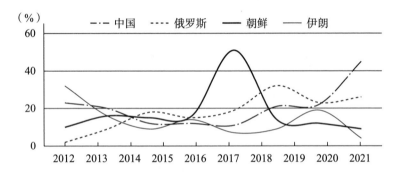

图2 2012—2021年美国民众心目中"美国最大的威胁来源"

资料来源：盖洛普。

2. 在"中国威胁论"的渲染和恐吓下，美国民众倾向于支持政府的强硬对华战略

目前近半数美国民众希望美国政府采取外交措施来限制中国力量和国际影响，超过半数的美国人希望美国政府在经济政策上对中国采取更为强硬的措施，超过70％的民众希望美国政府在人权问题上对中国更为强硬。尽管美国政府目前对中国采取了较为强硬的对抗策略，但是有近七成美国民众认为政府并未有效应对中国的崛起。美国民众具有支持政府的外交策略的传统。在对待中国问题上，美国民众形成了跨意识形态的共识，即支持政府强硬对抗中国"威胁"。例如，2021年3月盖洛普最新的民调显示，78％的民众支持美国强化与传统盟友的合作关系而非中国，74％的民众支持限制对中国的高科技设备出口，69％的民众支持禁止中国参与建设美国的通信网络。尽管我们无法量化评估特朗普政府的对华政策对美国民众对华态度转向的影响，但事实上美国民众在外交层面已经认同了对华强硬的政策取向。无论社会精英还是普通民众均已失去对华关系的乐观态度，不再倾向于认为中国会是美国的长期合作伙伴，而是将竞争和对抗视为中美关系的主要特征。

3. 美国民众对中国议题的关注点从以经济发展为主转变为以人权问题和政治议题为主

中国的经济发展长久以来是美国涉华舆论的关注热点之一。美国民众认为中国经济发展迅速，正在成为全球的经济领导者。较为正面的印象包括中国的发展极大地提高了中国人的生活水平，而且中国正在成为全球各国重要的贸易伙伴，成为扩张极快的经济体。然而近年来，美国民众对华议题的关注点正在从经济发展转变为人权、安全等政治议题。越来越多的涉华经济议题转向泛政治化和妖魔化,如关注中国的数字霸权、劳工问题、知识产权保护和贸易倾销等。图 3 展示了美国民众对谁是世界经济领导者的认知。

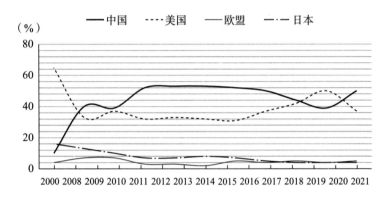

图 3　2000—2021 年美国民众对谁是世界经济领导者的认知

资料来源:盖洛普。

在政治和人权议题上,2021 年最新的皮尤民调显示,美国民众普遍认为中国是一个政治集权、侵犯个人自由同时经济快速发展的国家。西方舆论对中国人权的偏见来自意识形态的刻板印象与媒体的负面报道。研究发现,经常关注新闻的美国民众更容易联想到中国的人权问题。在西方媒体对中国人权的长期负面报道下,美国民众对中国形成了不尊重个人自由的负面印象。另外,美国政客和媒体在近期大肆炮制关于新疆问题的假新闻,对中国在香港、新疆、台湾等敏感议题上的政策进行污名化处理。总体而言,美国民众对中国人权问题的负面印象主要来自长期的刻板成见和媒体长期持续的负面报道。

美国对华舆论对中国的印象主要集中在对政治体制的一些刻板印象上。尽管美式民主制度目前在全球的好感度正在快速降低,但在美国仍有近80％的民众认为美式民主制度是最好的政治制度。美国民众对其他国家的政治体系缺乏足够的了解和兴趣,并且事实上美国媒体很少报道中国的政治体系如何运作,也很少提及中国在1949年后进行的数次政治体制改革以及党的十八大后的反腐败与政府治理。美国民众基于冷战思维,将中国的政治体制视为僵化、残酷和腐败的。值得注意的是,基于"中国威胁论"在美国的盛行,越来越多的美国民众将中国视为具有强烈的扩张意图,并对中国政府和中国领导人的信任度持续走低。有近四成受访者对中国领导人正确处理国际事务没有信心,这一比例比2018年的数据上升了近一倍。

尽管我国在处理新冠疫情方面取得了重大成绩,高效的政府执行与有效的防控措施避免了新冠疫情的扩散,无论在感染率、病死率还是疫苗接种率方面都远远优于发达国家,但是近期的皮尤民调显示,仍有64％的美国民众认为中国应对新冠疫情不力。尽管美国新冠疫情造成了数千万人感染和数十万人死亡,仅有52％的美国民众认为美国政府对新冠疫情的处理不力。美国媒体对中国新冠疫情的报道集中在疫情暴发初期对武汉政府处理不当的指责以及对疫情管控期间对个人自由的限制等带有偏见的报道，对中国政府的处理成效视而不见，持有强烈的负面态度。换言之，美涉华舆论往往"立场先行，罔顾事实"。

4. 美年轻民众、商业领袖及具有民主党派倾向的民众对华持较为正面态度

首先，在美国，跟年长者相比，介于18岁和34岁之间的千禧一代对中国的印象稍佳。千禧一代更多将中国视为美国的潜在合作伙伴，更少视中国为军事和经济威胁，更加欢迎中国在美投资，更多反对美国加强亚洲军事存在，并且他们更加愿意接受中文文化和教育交流。然而在2021年的调查中，千禧一代对中国的好感度正在下降，对中国好感的比例从5年前的57％降低到2021年的44％，但依旧显著高于美国整体人群的27％。

其次，美国民众对中国的好感度与民众的意识形态倾向紧密相关。共和党人和倾向于共和党的无党派人士对中国的看法比民主党人和倾向于民主党的无党派人士更为负面。

由"百人会"所做的数次调查显示，美国的普通民众与意见领袖对中国的好感度存在显著差异。美国商业领袖对中国的印象略好，而政策专家和新闻从业人员对中国的印象比普通民众更加负面。

（三）西方发达国家对华舆论与美国同频共振

美国皮尤研究中心的全球态度和趋势（Global Attitudes and Trends）项目每年会在全球 60 多个国家进行全球舆论调查。针对 14 个发达国家（澳大利亚、英国、德国、荷兰、瑞典、美国、韩国、西班牙、加拿大、法国、意大利、日本、德国、比利时）进行的民意调查数据显示，近年来发达国家对中国的看法越来越负面，尤其是在过去的一年里，负面看法显著飙升。2020 年，在接受调查的各个国家中，大多数民众对中国持有负面看法。在澳大利亚、英国、德国、荷兰、瑞典、美国、韩国、西班牙和加拿大，负面看法达到了近 15 年的最高点。在发达国家中，我们的邻国日本和韩国民众对中国的负面态度甚至高于美国。在日本近 90％的民众对中国持有负面态度，在韩国近 75％的民众对中国持有负面态度。总体而言，近 20 年来西方发达国家对华好感度持续下降，尤其是近 5 年来，这些发达国家对华态度急剧恶化。表 1 给出了 2007—2020 年主要发达国家民众对华态度的演变。

表 1　2007—2020 年主要发达国家民众对华态度的演变（％）

年份	2007	2008	2009	2010	2011	2012	2013	2014	2015	2016	2017	2018	2019	2020
美国	39	42	38	36	36	40	52	55	54	55	47	47	60	73
英国	27	36	29	35	26	35	31	38	37	44	36	35	55	74

续表

年份	2007	2008	2009	2010	2011	2012	2013	2014	2015	2016	2017	2018	2019	2020
加拿大	37	—	36	—	—	—	45	—	48	40	40	45	67	73
法国	51	72	60	59	49	60	58	53	49	61	52	54	62	70
德国	54	68	63	61	59	67	64	64	60	53	54	56	—	71
日本	67	84	69	69	61	84	93	91	89	86	83	78	85	86
韩国	42	49	54	56		50	42	37	—	61	60	63	75	
澳大利亚	—	40	—	—	—	—	35	—	33	39	32	45	57	81

资料来源：美国皮尤研究中心。

新冠疫情使得发达国家对华态度进一步偏冷。尽管这些发达国家对中国在新冠疫情方面的处理认同度（49％）高于对美国在新冠疫情方面的处理认同度（37％），但是这些发达国家的民众依旧认为中国在新冠疫情方面应对较差，从而延伸到对中国领导人信心降低及对中国整体负面观感恶化。例如，在澳大利亚，近两年媒体大肆渲染调查新冠疫情源头以及中澳之间的贸易和政治冲突升级，2021年有63％的澳大利亚民众认为中国是澳大利亚最大的安全威胁，而这一比例在2018年仅为12％（见图4）。2020年，81％的澳大利亚民众对华持有极度负面的态度，而在2017年，仅有32％的民众对华持有类似负面态度。澳大利亚成为发达国家中对华负面评价增长最快的国家。

在特朗普执政时期，由于特朗普实行"逆全球化"的保守主义政策，西方传统盟友国家的民众对特朗普的认同度普遍偏低，从而拉低了美国在盟友国家民众中的好感度。然而，在拜登执政之后，拜登着手修复与传统盟友的关系，树立美国的合作角色和全球领导者形象。美国在这些发达国家民众心中的好感度正在回升，超过半数受访者认为拜登政府正在带领美国重回正确的轨道。但是与此同时，这些发达国家民众对华的好感度并未得到显著改善。

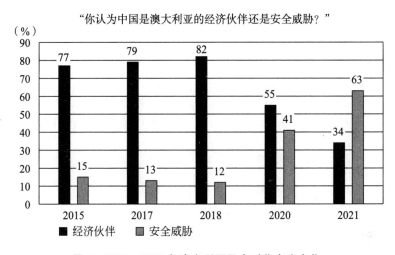

“你认为中国是澳大利亚的经济伙伴还是安全威胁？”

图4 2015—2021年澳大利亚民众对华态度变化

资料来源：美国皮尤研究中心。

然而，在西方及发达国家中，也有少数几个国家对华持有比对美更好的正面态度。在希腊，有超过半数的民众对中国持有好感；在新加坡，有超过64％的民众对中国持有正面态度，超过对美国的好感度（51％）。

欧洲民众认为中国是全球首要的经济强国。在大多数接受调查的欧洲国家民众中，约一半或更多的民众认为中国是世界最大经济体，仅约三分之一的民众认为美国是世界最大经济体。在 9 个欧洲国家中，有 7 个国家对中国经济地位的正面评价比美国经济体高出两位数。例如，比利时民众认为中国未来成为世界最大经济体的可能性比认为美国依然为世界最大经济体的可能性高出 22 个百分点（54％对 32％）。

值得注意的是，在欧洲，冷战思维框架并不适用于欧洲人的对华态度。大多数欧洲民众（62％）认为中美之间已经开展新的冷战，但仅有 31％的欧洲民众认为欧盟与美国之间正在发生冷战，然而绝大多数欧洲民众（平均 59％）并不认为自己的国家与中国正在冷战（见图 5）。这一结果反映了欧洲民众普遍希望欧盟和欧洲国家能够发展出不同于美国的、独立的对华政策，大多数欧洲人并不认为中国对他们国家和生活方式形成了威胁。对于欧洲民众而言，他们更加乐见全球多极化。22％的欧洲民众认为世界应由多国共同治理，并不认同单极化趋势。只有不到 13％的欧洲人认为美国拥有世界最大影响力，6％的欧洲人认为中国对全球治理的影响力最大。

总体而言，发达国家民众对华态度受意识形态驱动。欧美涉华舆论受到价值观、意识形态和政治制度驱动。当如今中国在国际社会上崛起，并且在国家发展方面坚持自己的道路时，与西方发达国家之间面临制度、文化、道路、意识形态的冲突。这些冲突和差异愈明显，则发达国家民众对华态度愈有可能转冷。

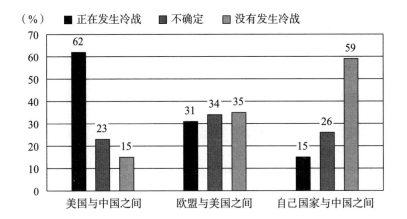

图5 欧洲民众对美国与中国/欧盟与美国/自己国家与中国之间是否正在冷战的认知

资料来源：Datapraxis and YouGov（DE，FR，DK，ES，PL，PT，SE，IT，AT），AnalitiQs（NL），Alpha（BG），and Szondaphone（HU）.

（四）发展中国家公众对华态度相对正面

相较于发达国家，发展中国家对华态度普遍较为正面。尽管在2015年之后，发展中国家对华态度有所下滑，但在巴基斯坦、俄罗斯等国，超过半数的民众对中国持有好感。在南美洲、非洲、东南亚，大部分国家的民众对中国的评价较为正面。

然而值得注意的是，发展中国家的对华态度也会随相应事件而波动。如在印度，由于中印在边境问题上的持续冲突，印度对中国的好感度由2005年的超50％降低到2019年后的24％。另外，很多发展中国家并没有完整翔实的民调数据，因此对中国的好感度调查往往较不连贯，缺乏近两年的数据。

学者谢宇等人的研究显示，发展中国家对华态度与中国在当地的直接投资相关。当中国在该国经济发展中扮演的角色变得越来越重要时，当地民众对华好感度也得到了相应的提升。这就说明发展中国家民众对华的态度受经济驱动，中国与当地经济的融合度越高，当地民众对中国的好感度也越高。这也说明我国的"一带一路"倡议不仅能够带动发展中国家的经济发展，也能提升中国在当地的民众好感度。

美国对华舆论恶化的诱发因素

美国对华舆论在 2021 年逐渐趋冷和恶化，其背后有多重诱发因素，主要包括以下几点：

（一）美国政府对华战略的转向与重新定位

自 20 世纪以来，美国对中国的认知几经变迁，每一次美国政府对华战略的重新定位都深刻影响了美国舆论对华态度。中美两国从二战期间的反法西斯盟友变为冷战初期政治和意识形态领域的敌人，到中美建交后，中美两国又再次短暂结成事实上的"联盟"关系。在中美建交与冷战结束后，美国将中国视为"可以改造的对象"，中美关系经常呈现"施压与对抗""制裁与反制裁"的不对称冲突。[3]

在"9·11"事件之后，美国将中国的定位从"战略竞争者"转向"负责任的利益攸关者"，发展与中国的新型伙伴关系来缓解美国的外部压力。一方面，美国政府认识到美中之间存在诸多共同利益，有着广阔的合作空间与基础；另一方面也反映出美国意识到中国逐渐崛起是一个难以改变的现实，美国希望一个崛起的中国能够承担更多的大国责任。

2008年美国金融危机后及奥巴马总统第一个任期内，中美两国再次经历一次"蜜月期"，美国将中国视为"互相尊重、互利共赢的合作伙伴"。在这样的关系定位下，美国一方面认识到中美在现实利益、社会制度、意识形态之间的原则性分歧，并且这些分歧将深刻影响两国关系的发展；另一方面也认识到中国在国际社会中的作用，以及中美之间巨大的合作空间。在这样的对华战略定位下，奥巴马政府执政早期积极寻求与中国的合作机会，推动地区的稳定与繁荣发展。

中美建交前三十年期间，美国对华战略的总体基调是将中国纳入美国主导的国际体系，通过接触政策实现这一战略目标，中美关系的连续性大于断裂性。[4,5] 因此，在这一基调下，美国民众对华舆论整体上保持相对稳定，即民众对华的好感比例保持在40%以上。

　　然而在最近十年，美国重新以"大国竞争"为战略导向，对华战略出现根本性调整，呈现较为突出的"新冷战"色彩。这样的战略转型也带动了美国民众对华舆论的急转弯。

　　在奥巴马执政中后期，美国开始重视与中国之间的"大国竞争"问题。到特朗普执政时期，由"接触＋防范"的对华战略迅速转变为"竞争性对华战略"。特朗普执政期间出台的两份重要文件《美国国家安全战略报告》和《美国对中华人民共和国战略方针》，已经将中国明确界定为最主要的战略竞争对手和对美国的最大挑战。美国在经济、技术、地缘政治、意识形态等诸多领域对中国加大施压力度，展现"全域竞争""跨域竞争"等特征。

　　拜登政府执政后，在很大程度上延续了特朗普政府的对华政策。[3,6] 首先，在对华战略定位上，拜登政府将中国视为美国的"最严峻竞争者"，强调要重振美国传统的同盟和伙伴关系，与中国展开长期性、战略性、极端性竞争。其次，拜登政府依旧频频将中国视为美国的最大"威胁"，这种"威胁"体现在经济贸易、国家安全、军事、网络安全、民主理念以及全球力量上。2021年4月美国国家情报总局发布的《2021年度威胁评估报告》妄称，中国共产党将继续用"全政府"方式"扩大中国的影响力，削弱美国的影响力，在华盛顿及其盟友和伙伴之间制造分裂，并培育有利于中国威权体制的新国际规范"。最后，拜登政府将中国视为"体系性竞争者"，将中国视为挑战西方民主理念、生活方式以及现有国际秩序的威胁力量。在美国国内政治乱局不断深化的背景下，拜登政府倾向于以"由内而外"的方式看待中国问题，更加重视中国给美国带来的意识形态"威胁"，在处理中美关系方面加大渲染所谓"民主对抗专制"（democracy vs. autocracy）的论调。

美国政府的"中国观"的转变不仅影响了美国的对华和国际外交政策，也深刻影响了美国官员的对华态度和言论，影响了美国媒体对外舆论报道的基调。白宫发布的《2021 财年国家安全情况说明：确保美国的安全与繁荣》显示，"对抗中国的影响力"已被单独列为重点讨论事项，且相关专项财政拨款已创下历史新高。这些资金将被用于"支持民主计划，加强安全合作，并在全球范围内协助一系列用于抵消中国影响力以保持美国全球领导地位的计划"。美国众议院中国特别小组出台的《2020 中国工作组报告》列出了"宗教、少数民族与种族""领土主权""人权与宪政民主""隐私与数据安全""供应链与高新通信技术""一带一路""新冠疫情"等多项重点涉华议题，意图分层级精准打击中国当前的弱点与要害。

因此，美国对华战略的转变，将中国视为"最严峻竞争者"与"头号威胁"，深刻动摇了美国民众对华舆论中与华合作的基础，恶化了美国民众对华的观感。同时，美国对华战略也深刻影响了美国传统盟友国家对华关系，使得中国在西方发达国家和部分发展中国家中的形象受损，这些国家对华负面看法已显著飙升，达到十几年来高点。

（二）美国媒体对华报道立场先行，污名化传播策略成常态

美国媒体对国际事务的报道视角对民众在外交事务上的态度具有较大的影响力，美国民众对外国的认知在很大程度上来源于美国媒体的报道。在对华态度上，美国的公众人物（如政客等）以及新闻媒体扮演了重要的角色。学者谢宇等对《纽约时报》从 1970 年以来对华报道的分析显示，《纽约时报》对中国的报道情感在很大程度上影响了美国民众对华的舆论态度。

美国媒体对华报道有以下几个特点：

1. 美国媒体对华报道的关注度和报道数量增长迅猛

2000 年后，随着中国的快速发展、中美交流的日益加深和中国对国际事务的深入参与，美国媒体对中国的关注度激增，报道数量是之前的数倍。如《纽约时报》目前对华报道的文章数达到了 30 000 篇/年。在关注主题上，美国媒体对于中国的政府和政治、经济发展、中国全球化程度以及民主等主题的关注增长最快并且占比最高。然而对中国的意识形态等议题在这数十年中数量增长不大。

2. 涉华报道的角度单一和形象固化

美国媒体一方面判定中国是一个缺乏"民主、自由"的"集权"国家，另一方面大肆渲染中国不断参与国际事务，不断挑战传统西方设立的固有秩序的"野心"。在涉华报道中，在意识形态、政治/政府、民主、社会福利等方面，负面报道占绝大多数；在经济、文化和全球化议题上，则正面报道的数量较多。在近十年中，美国媒体涉华报道多数涉及当前中美关系的种种矛盾、争议和冲突，在媒体上呈现的基调是美国对华政策的调整与中国对美国利益的"威胁"。美国媒体呈现不同的政治立场，其中既有持有极端保守派立场的，诸如福克斯新闻等对华报道一直较为极端、强硬，甚至夹杂不少假新闻，也有相对客观的，诸如《华尔街日报》等自由派媒体。然而，这些自由派媒体的涉华报道尽管语调、方式和视角有所区别，但报道的基调还是在于以何种更为有效的对华政策遏制中国对美国的"威胁"，才更符合美国国家利益。[7]

3. 在对华报道上，美国媒体与政府的对华战略保持一致

在很多国内事务上，由于党派分歧和媒体的党派偏好不一致，媒体在国内议题上会呈现较大的分歧。然而在对外交事务的报道上，美国的主流媒体与政府的外交战略保持同步。在美国政府对华定位发生重大转型后，媒体的报道角度也同步转向。在新冠疫情、新疆、香港

和台湾问题上，美国媒体的对华报道往往"立场先行"，不仅与政府对华战略亦步亦趋，而且深刻影响了美国民众的对华舆论态度。美国主流媒体涉华报道的语词变化值得关注，现在提到"中国"和"中国政府"经常使用一些冷战思维较强的词语。同时，涉及中美分歧的问题或者涉及中国国内问题的报道，很少就事论事，而是将争议问题溯源归因到中美两国的制度和意识形态的差异，攻击中国的政治体制和社会主义制度。

4. 美国主流媒体的对华态度深刻影响社交媒体的对华情感

社交媒体的普及深刻影响了新闻业的格局，但并不是说社交媒体取代了传统主流媒体。事实上，传统主流媒体为社交媒体设置了议程，并且拓宽了传统主流媒体的传播渠道。[1] 在社交媒体上，传统主流媒体如《纽约时报》、CNN、《华尔街日报》、美联社等是重要的信息来源，尤其是在外交事件和对国外事务的报道上，这些媒体具有重大影响力。例如，《纽约时报》在 Twitter 上拥有 5 000 万个关注者，远高于拜登的关注者数量。同时，美国政客在社交媒体上具有强大的影响力。在美国政府对华战略转型的今天，将中国视为直接的挑战和威胁已经成为美国政客的普遍共识。在社交媒体上，他们不仅直接向民众发表对华关系的负面言论，也有选择性地转发和分享对华不友好的新闻报道，从而在社交媒体上形成较为浓厚的"反华情绪"，从而进一步加剧美国民众对华的反感。

（三）中国的崛起与对外有所作为引发欧美社会的"危机感"

在近十年，中国的自身实力不断增强，将"实现中华民族伟大复兴"确定为全党和全国各族人民的奋斗目标，同时中国政府也清晰地认识到我们正在面临国际秩序的百年未有之大变局。就国际政治而言，中国的和平崛起加速了国际权势的转移；大国战略竞争超越了以恐怖主义威胁为表征的非传统安全问题。同时，全球化和逆全球化并存，全球治理体系正处于变革之中。

在对外发展方面，我国正在积极重构中国形象与重构对自己、对世界以及对国际政治格局的认知。中国的崛起带来三个"前所未有"，即新时代的中国前所未有地靠近世界舞台中心，前所未有地接近实现中华民族伟大复兴的目标，前所未有地具有实现这个目标的能力和信心。

随着中国的崛起，中国对世界的认知、对外发展的基调都发生了相应的调整，更加积极主动地应对外部变化，更加积极地维护国家主权、安全和发展利益，更加主动地直面大国竞争与国际争议，更加积极地做世界和平的建设者、全球发展的贡献者、国际秩序的维护者。

随着中国在国际社会中扮演越来越重要的角色，对外交往更加具有进取性，不再限于被动的韬光养晦，而是有所作为。在众多国际事务上中国更加主动地表明中国立场，中国的外交官员更加积极地在境外媒体和社交网站上发声。在推动世界经济互联互通方面，中国积极提出"一带一路"倡议，创办亚投行、丝路基金和金砖银行，积极参与发展中国家的基础设施建设和投资。在文化交流方面，中国在 70多个国家建设数百所孔子学院，推动中文和中国文化的交流，积极开展对外传播和交流。这些举动都被美国和西方国家视为"政治上的战狼行为""经济上的扩张主义""现有国际秩序的挑战者""文化和意识形态上的宣传"。

因此，在浓郁的西方意识形态和价值观的内在驱动下，中国的快速发展、和平崛起和对外积极作为，让美国政府产生了"威胁"感知，担心一个"非西方"国家的迅速崛起，可能会动摇西方国际秩序的价值基础。基于冷战经验，通过大肆渲染"中国威胁论"，把中国的崛起视为一种挑战，将中国视为"共同的敌人"，以此在国内弥合党派的政治鸿沟，转移国内深层次的经济、贫富、种族矛盾，团结民众，在国际上黏合美国和欧洲其他盟友的关系，营造共识，联手抗中。因此，在"中国威胁论"的政治语境营造下，中国的和平崛起、对国际事务的积极参与和正常的对外交流，都会被故意曲解为一种"扩张"，从而进一步加剧了美国民众对中国的敌意。

美国对华舆论演变的判断

（一）美对华舆论的三个基调：憎、爱、怕

中美建交以来，美国民众对华态度呈现周期性波动。这种波动受到美国政府对华政策的定位和战略、中美经济贸易文化交流的程度以及国际和中美两国国内政治事件的综合影响。总体而言，美国民众对华态度存在三个基调：其一是出于意识形态和政治体制的差异和基于美苏冷战的历史记忆形成的对社会主义中国以及对中国政治组织模式的不认同，即为"憎"。其二是美国对以中国为代表的悠久历史文化的热爱，以及对中国广阔的潜在市场的喜爱，即为"爱"。其三是随着日益崛起的中国在国际上发挥越来越深刻的影响力，原有国际权力体系发生了改变，从而引发美国政府和公众对"中国威胁"的危机感，以及美国对中国模式对于传统西方价值观和意识形态的潜在冲击的恐惧，即为"怕"。

中美在文化、价值观、意识形态等多个方面存在不可调和的分歧。基于美苏冷战的历史记忆，美国民众将共产主义视为资本主义的敌人，对以社会主义为政治制度的国家十分排斥。这种排斥和憎恶基于欧美西方社会对社会主义国家的三种误解：

其一，认为中国的政治体制有悖于西方民主的价值取向。美国及西方社会认为中国固有的政治制度和社会结构需要用西方经验和资本主义制度进行改造。美国自我标榜为民主的典范，然而其仅仅将民主理解为票选政治，并用这一简单而粗陋的指标去衡量其他国家的政治体制。中国强调政治生态的"全过程民主"，推行"具体现实的民主实践""广泛真实管用的民主"。在意识形态和价值观上的分歧，形成了两国情感疏离的基础。

其二，中西方在"人权"问题上具有巨大分歧。人权问题一直是中美关系的一个敏感问题，尽管中国政府十分注重尊重和保障人权。《为人民谋幸福：新中国人权事业发展70年》白皮书指出："人民幸福生活是最大的人权。中国共产党从诞生那一天起，就把为人民谋幸福、为民族谋复兴、为人类谋发展作为奋斗目标。"全面建成小康社会和消除绝对贫困彰显为人民谋幸福的人权价值内涵。然而，西方社会拿着"人权问题"不断干涉中国内政，同时在新疆、香港、西藏问题上大肆渲染中国的所谓"人权问题"，对美国国内民众进行"洗脑"。历次美国民意调查结果显示，美国和西方发达国家的民众对于中国的人权问题都十分关注，形成了中国漠视人权，不注重保护公民权利和宗教、言论自由的负面刻板印象。人权问题是美国民众对华反感的重要来源之一。

其三，美国舆论错误地视中国为"规则破坏者"。西方历次对华舆论调查显示，美国民众提到中国时多会联想到中国的知识产权问题、中国产品质量问题、中国在国际议题上不遵守西方既定的规则等负面形象，将中国刻画为蛮横、自负、粗鲁的不守规矩的形象。西方政客和媒体经常歪曲报道和宣扬中国"窃取"西方知识产权、实施大规模的网络攻击、对西方国家实行贸易倾销、在"一带一路"沿线的发展中国家制造债务陷阱。这些报道无疑会让欧美民众进一步对中国产生憎恶心理。

近二十年来，随着中国国力的上升，"中国威胁论"沉渣泛起，成为误导美国国内和国际舆论、煽动中外关系紧张的重要帮手，使得美国对华舆论笼罩着一层对华恐惧的阴影。基于新一轮"中国威胁论"的基调，美国对华惧怕体现在三个方面：

1. 在经济方面，宣扬中国非市场行为论，称中国抑制全球增长

美国拒绝承认中国的市场经济地位，认为中国存在明显的非市场化行为，动用政府补贴，造成不公平的市场优势，向欧美国家倾销商品。同时认为中国以非市场方式选择投资，抑制全球增长。欧美国家认为世界经济中的许多问题与中国相关，将中国描绘为全球贸易失衡的根源，夸大中国的实力和影响力。

2. 在国际关系中，称中国正在谋求国际霸权

欧美国家的政府官员和学者宣称中国正在通过经济影响力、主权债务、对外投资等对发展中国家实行"掠夺"和"殖民"，从而抹黑中国的"一带一路"倡议，指责中国以新的方式谋求国际霸权。

3. 在文化和价值观上，将中国视为"打桩者"，称中国对西方自由主义价值观、政治体制和国际秩序产生重大威胁

2018 年 2 月，德国副总理兼外长加布里尔（Gabriel）在出席一个国际会议时提出："美国的变化动摇了西方秩序'大厦'的根基，这个时候，'别人'就开始在这座大厦的地基上打桩了。"加布里尔认为，中国正在依托"一带一路"倡议，着力构建一个区别于自由、民主等西方价值的国际秩序。西方国家认为崛起的大国无一例外会使用经济实力实现更为广泛的政治、文化和军事目标，中国日后也将成为向外界施加自己价值观的霸权国家。欧美国家假想包括中资企业、中国媒体、孔子学院在内的中国文化正在入侵西方社会，正在动摇西方价值观、生活方式和国际秩序的"大厦"根基，以实现所谓中国的"不可告人的政治阴谋"。

在美国对华负面舆论的另一面，我们需要看到美国民众对中国的喜爱拥有更为悠久的历史和社会基础。在第二次世界大战中，中国是美国的盟友。尽管经历过冷战期间两国关系的冰封，但在中美建交之

后，中美关系整体较为平稳，建设性大于破坏性，总能找到两国的共同利益和合作空间。中美两国之间的贸易、文化、人员的往来一直保持着高度活跃。在新冠疫情前，中美两国每年人员往来超 500 万人次，每 26 分钟有一架航班往来于两国之间。中美两国已经成为彼此最重要的贸易伙伴和投资对象国。建交 40 多年来，中美两国从彼此合作中都获得了巨大收益。美国经济实现了快速增长，美国家庭大幅降低了生活成本，美国企业更是赚取了丰厚利润。在过去的 40 多年中，中美双边货物贸易额增长了近 300 倍。对于美国民众而言，中国不仅为他们的日常生活提供了物美价廉的商品，而且为他们打开了有 14 亿人口的巨大市场。因此，中美之间的贸易、文化、人员往来是两国关系的"压舱石"和"推进器"。从生活方式、消费能力到受教育水平与文化素养，中国民众与美国民众之间的差距正在减小。中美两国的紧密联系不仅加深了两国人民之间的沟通和了解，也增强了两国人民情感上的联系。值得注意的是，尽管美国民众对中国的负面评价达到了历史顶峰，越来越多的美国民众将中国视为最大的威胁和竞争对手，然而大多数美国人并不认为中国是美国的敌人。因此，中美两国民众之间的相互吸引和喜爱依旧是美国对华舆论的基调之一。

回看中美建交后美国对华舆论的演变，我们发现，随着美国政府对华战略的变更、中美实力对比的变化与中美两国之间交往的深化，"爱""憎""怕"三个基调此消彼长，构成美国对华舆论的基调。近年来，美国对华舆论中"怕"的成分上升显著，而"爱"的基础正在被肆意破坏。例如，2000年，盖洛普的民调显示当年美国仅有15%的受访者认为中国在未来二十年是美国的主要威胁。然而到了2021年，美国近半数公众认为中国是美国的重要威胁，甚至超过了俄罗斯。

中美关系具有历史复杂性。尽管两国在意识形态和价值观上存在不可调和的分歧，在国际权力格局中存在"东升西降"的趋势，但是两国在贸易、经济、文化和人员的交往上存在十分紧密的联系。美国对华舆论不可能单向发展，会在"憎""爱""怕"中长期波动。

（二）相互作用力：中国对美舆论同步恶化

历年来的研究数据发现，中美两国民众对对方国家的态度存在同步性，即当美国对华舆论转冷时，中国民众对美舆论也会同步转冷。目前我国民众对美国的好感度也急剧降温，我国媒体对美国的报道愈加聚焦在美国的不负责任、霸权行径和对中国发展的威胁上，从而进一步加剧了中国对美舆论的转冷。

最近的调查显示，2020年中国民众对美平均好感度从2019年6

月的 5.77 分降低到了 4.77 分（0～10 分的量表）。特朗普执政后改变了对华战略，出台了一系列遏制中国的政策，对中国企业不公平对待，煽动香港、新疆、台湾问题，在新冠疫情上对华污名化等等，激起了中国民众对美的反感。与此同时，美国对新冠疫情的处理不当，造成感染率和死亡率激增，以及美国社会中种族、贫富、治安等问题丛生，也加剧了中国对美好感度的急剧下降。

因此，中美两国民众舆论相互影响。这种两国民众舆论的同步性来自中美政府对外政策的适应性，中美双方积极响应变化，及时调整对外战略，同时也来自双方国家的紧密交往与媒体报道策略的同步性。

（三）美国对华舆论转向对中国具有重要的影响

美国对华战略和外交政策由政治精英制定，为美国媒体对华报道和民众对华舆论奠定基调。普通民众由于缺乏足够的专业知识，因而很少能够影响美国外交战略的制定。在美国政客和媒体的口径一致的宣传和报道下，美国民众在外交政策上的舆论基本与政府的外交战略保持一致。然而，在美国政治体系中，政府、媒体和民众舆论之间有着较为复杂的互动关系，有时会相互制衡和影响，但有时也会形成相互强化效应，推动某些外交政策进一步极端化。

在美国对华战略转型下，美国民众对华舆论的转向对中国发展有着重大影响：

首先，美国民众对华舆论恶化将推动美国对华政策进一步强硬。当民众对一个国家具有相对正面的评价和好感时，民众将倾向于支持更多的人员交流和贸易往来。例如，1979 年中美正式建交之后，美国民众对华态度急转，对华好感比例由 25％激增过半，美国政府也积极响应民意的转变，大力推动对华交往和贸易往来，中美关系进入短暂的"蜜月期"。然而目前美国对华舆论的逐渐恶化则会推动美国政府出台更为强硬的对华政策和措施，有可能进一步恶化中美关系。

其次，历史表明，美国对华舆论恶化将对在美华人的生活造成巨大的负面影响。20 世纪 80 年代在美国社会中，反日情绪高涨，出现了多起歧视和攻击日本人的行为。由于担心日本汽车打击美国汽车产业，在底特律一名被认为是日本人的亚裔被当地居民打死。"9·11"事件发生后，在美国出现多起攻击和歧视穆斯林或来自中东国家的外国人的事件。在特朗普对华实行全面遏制的政策之后，美国社会不仅对华舆论出现极速转冷，而且在美国出现多起对华人甚至亚裔的恶性攻击事件，对在美华人的生活、工作、人身安全都造成了重大的负面影响。

最后，美国民众对华舆论的恶化对我国的对外传播、文化科技交流和公共外交活动将造成重大阻碍。在美国"中国威胁论"沉渣泛起，政客和主流媒体都将中国视为对美国民主、价值观和国家安全的挑战。在这样的舆论氛围下，正常的文化交流和科技合作都面临巨大挑战。众多中国媒体在美国的正常采访和报道受到限制，众多用于传播中华文化和普及中文教育的孔子学院被迫关停，在美国股市上市和在美国经营的中国公司面临无端指责和不公对待。赴美留学的中国学生和学者面临政治审核和调查，众多学生的求学路和学者的科研合作被迫终止。因此，美国对华舆论的恶化将对两国民间的正常科学、艺术、文化交流以及人员和贸易往来造成严重阻碍。

前景展望与应对建议

首先，美国涉华舆论的转变相当于美国对华政策调整的社会总动员。拜登政府上台后，延续特朗普政府的对华政策，强调中美战略竞争关系。美国两党、行政部门内部、行政部门和国会之间、民众和精英之间在涉华舆论问题上的分歧现在明显减少。在对华问题上，各部门之间、府会之间、民众和精英之间的相互制约状况明显减少，逐渐形成对华强硬的政治共识。

其次，中美之间的传播交流和公共外交的渠道大幅压缩，公共外交的活动空间也急剧减少，这导致美国涉华舆论进一步失衡。中美之间曾经众多的对话机制陷入停摆，众多可以澄清立场、增信释疑、寻求共识、探索解决之道的平台消失。民间的文化、科技交流受到严重阻碍。在美国对华定位不改变的前提下，中美之间的交流在未来依旧面临重大挑战。

同时，中美关系进入了一个议题推动双边关系调整阶段。从近年中美博弈的现实来看，舆论中的中美分歧被夸大，双边关系被塑造成零和博弈或具有意识形态色彩的战略竞争。近年来，无论贸易争端、疫情管控，还是涉及新疆、台湾、香港等地区的议题都成为美涉华舆论的热点议题。围绕这些议题的舆论本身反过来进一步塑造中美两国在处理双边关系上的基调，从而影响中美关系走势。

然而，尽管美国视中国为目前"最严峻竞争者"，但中美如何竞争，应将中美竞争关系引向何方并没有确定答案。因此，中美关系没有定型，从严格意义而言，中美关系也没有定性。中美的双边关系依旧存在弹性空间，经贸往来并未停止。中国经济已经与全球紧密交织在一起，注定无法实现中美"脱钩"。中美经贸关系依旧是双边关系的压舱石，两国之间的贸易、文化、人员交流无法停止。因此，美国对华舆论与中美关系一样不会单向下滑，中美两国都有能力和意愿维持双方关系不滑向冲突和对抗。

世界面临百年未有之大变局。舆论具有内在的变动性，受到政策战略、政治格局、媒体和社会结构变化的影响。同时，舆论具有重要的社会和政治影响力。国际社会对华舆论的演变对我国的对外发展和实现中华民族伟大复兴具有重大的影响。面对美国及其他西方国家对华舆论的恶化，我国要增强紧迫感，需要主动应对，引导和改善国外对华舆论。

美国对华舆论具有复杂性，其中包含由价值观和意识形态上的分歧导致的缺乏互信和厌恶心理，也包含由中美国力对比差距缩小和"中国威胁论"蛊惑导致的对中国的恐惧心理，但同时也包含美国对中华文化和对中国巨大市场及贸易潜力的热爱。在对外交流和传播过程中，中国需要秉持自信开放的心态和更加平等的姿态，避免中国议题的泛政治化，避免意识形态和价值观上的冲突，以包容心态设置更为开放的舆论议题，防止国际舆论对中国在价值观和意识形态上的偏见和误解，抑制对华舆论中"憎"和"怕"的成分。中国还需要扩大民间交流，扩大改革开放，鼓励中国文化、中国企业走出去，增进世界的贸易流通，推动中国与国际的人员往来、科技和文化交流，增进国际舆论对中华文化和对中国"爱"的成分。为此，中国各界需要在如下方面做出努力：

第一，保持战略定力，培育大国从容心态，避免被短期情绪左右，专注谋求国家发展，是营造良好国际舆论的根本所在。2020 年，习近平撰文指出"要坚持底线思维，做好较长时间应对外部环境变化的思想准备和工作准备"。面对当前美国对华舆论的恶化，中国的首要任务是坚持底线思维，以清醒的头脑保持战略定力，从容面对各项挑战，以经济发展为核心，集中精力"把中国的事情办好"。坚持改革开放，做好国内建设，积极拓展"一带一路"，积极参与国际新秩序的建立，以实际行动来打破美国对华"新冷战"战略。同时，中国需要戒骄戒躁，避免狭隘民族主义情绪滋长。从苏联、日本等国的兴衰我们可以看出，国内舆论怂恿和国外战略透支，很容易导致一个国家由强变弱。尽管中国在近二十年取得了巨大成就，但是我们要清醒看到中美之间的实力差距，要量入为出，切忌目标过高、盲目自大。尤其是要警惕国内狭隘民族主义情绪的滋长，避免国家对外政策和对美交流受到国内民粹主义的影响，培育开放、包容和理性的国民心态，为国家的长远发展、中国的和平崛起创造良好的舆论环境。[7]

第二，增强自信，强化议程设置能力，强化在舆论话语体系中的主导权，向国际社会展示"真实的中国"。特朗普执政期间推行的单边主义极大损害了西方盟友对其的信任，尽管拜登政府上台后积极修复美国与传统盟友的关系，并且取得了一定的成效，但是美国与西方盟友并不是铁板一块，存在着众多利益分歧。欧洲各国在对华战略上不再唯美国马首是瞻，而是根据自身利益采取不同的对华政策。并且众多民调显示，欧洲民众并不希望其所在国与中国的关系陷入冷战僵局。另外，美国的全球领导地位受到显著冲击，国际权力体系正在改变。中国对美国、对其他西方国家的战略和传播策略需要更加精细化。一方面，扩大对外传播，积极增信释疑，向国外民众强调中国的和平崛起对世界的贡献，宣传中国治国理政的"人民优先"理念，扩大开放交流，积极鼓励外国民众多到中国感受中国的快速发展和社会治理的成就。另一方面，在国际舆论场中，中国需要积极设置议程，敢于在大是大非问题上发声，及时应对，用事实来防止对华偏见肆虐泛滥，也要抓住时机和把握节奏，善于设置有利于我国的传播议题。我国在近些年的国际舆论斗争中，不免陷于被动局面，总是被动应对西方媒体设置的诸如人权、霸权等负面对华议题。我们需要探索设置有利于传播中国担当和中国主张的正面议题，削弱美国在国际舆论场中的霸权，夺回对中国议题的主导权。

第三，加强全球民意监测，及时了解全球舆论真实动向，为营造良好国际舆论环境做好数据支撑。中国缺乏对全球民意的监测体系，无法为中国的对外政策和传播策略提供足够的数据支撑。近十年来，中国建设了完整的全球媒体监测体系，然而在民意调查方面却存在明显短板。欧美国家由于其民意调查产业较为发达，在众多议题上能够持续跟踪全球主要国家的民意走向，并且通过对外发布民调结果，也能影响公众和政府对全球民意趋势的总体印象。换言之，美国目前在全球民意监测上具有主导权，通过对全球民意监测体系的把握对全球民意施加影响力。中国应积极推动和鼓励民间及学术机构建立具有公信力的全球民意监测体系，对全球主要国家进行系统性、长期的民意跟踪。主动和创新性地设计全球民意调查的议程，及时对外发布民调结果，全面、客观、真实反映全球民意走向。尤其是要注重对发展中国家、中国周边国家、"一带一路"沿线国家的民意监测，弥补目前美国民意监测网络的不足，及时准确把握发展中国家的民意走向，为中国全球外交战略提供重要的参考数据。

第四，改变对外传播的单一主体，培育多层次、多主体的国际传播，推动以社交媒体为主导的公共外交。目前主流媒体是中国对外传播的主要渠道，其既是舆论议题和对外叙事的创新者，也是新闻和政治叙事的传播者。在近五年，中国的外交官员也开始主动通过境外社交媒体积极与海外民众沟通，直接对外发声，宣传中国主张，取得了一定的国际关注和声量。

然而，在国际舆论场中，来自中国的第一手信息比例较小，发声主体少，信息来源较为单一，关于中国议题的叙事主导权依旧把握在西方媒体手中。中国人在国际上的声音还比较小，还处于有理说不出、说了传不开的境地。以主流媒体和外交官员作为传播主体时，在传播议题上的受限较大，在近些年的对外传播效果上存在局限。中国应积极推动和鼓励多元的传播主体，拓展多层次的对外传播，尤其是要注重推动学术界、科技界、民营媒体和文化机构的对外传播和交流，用真实故事占据舆论空间，对冲虚假和片面的涉华报道。近十年来，随着我国互联网产业的发展，众多企业在海外成功地推出了多样互联网平台和媒体产品，在当地受到广泛欢迎。例如：字节跳动的 TikTok 在海外拥有数亿用户；华人团队在美国推出的英文个性化新闻应用 News Break 每日活跃用户超过 1 500 万；在东南亚，中国企业创办的资讯和社交应用软件常年拥有庞大的用户基数。中国应积极鼓励中国企业和人才在海外拓展新的多元媒体渠道，实行媒体产品的"走出去"战略，为中国的对外传播积极拓展非官方的传播渠道。同时，应鼓励国内个人、民间团体、学者及公共知识分子积极在海外开设自媒体和在海外媒体发声，向海外民众介绍真实的中国，拓展非官方的信息来源。应坚定实行对外开放，以包容的心态欢迎外国公民访问中国，了解和感受中国的快速发展。有数据显示，访问过中国的西方国家的民众对华好感度要远高于没有访问过中国或者未亲身接触过中国人的民众。因此，国家间的多渠道、多主体的充分信息交流和人员往来能够实现增信释疑，培育友善的国际舆论氛围。

第五，转换传播方式，强化"受众导向"，避免"强势传播"，注重感情共鸣。2021 年 5 月 31 日，习近平总书记在主持中共中央政治局集体学习时指出："要注重把握好基调，既开放自信也谦逊谦和，努力塑造可信、可爱、可敬的中国形象。"习近平总书记对提高我国国际传播能力做出了重要指示。在拓展多元传播主体，保证涉华信息和报道真实、客观的基础上，我国对外传播应尽可能摆脱以往惯用的宏大叙事方式，减少官方模板化的生硬宣传模式，减少"强势传播"带来的价值观、意识形态摩擦，避免引起海外受众不必要的恐惧和厌恶。[7] 要秉持"受众导向"，理解和尊重不同国家的价值观和意识形态差异，在对外传播时需要找准普世共同的价值点，避免将国内或东方文化中独有的价值观误认为一种普世的价值观。例如，在我国文化中，推崇众志成城、万众一心、排除万难的奉献精神，并且我国的对外宣传也倾向于描绘群体形象的整齐划一、社会秩序的稳定团结和个人为社会的贡献。然而这种表达方式却容易让其他国家或其他文化的民众误认为中国是一个"强势"的大国，并且不尊重个人的选择和自由，在某种程度上给西方炒作"中国威胁论"提供了素材。在新冠疫情期间，尽管我国交出了亮眼的成绩单，保障了民众的健康与社会的平稳运行，但是西方媒体却故意歪曲解读中国的防疫政策，激发西方民众对中国防疫政策和方案的不满。这提示我国在对外报道中国议题时，需要考虑当地受众的偏好，选择当地民众偏好的报道视角，从而达到良好的报道效果。

同时，对外传播需要实现事实传播和情感共鸣的有机结合。在展开宏大叙事的同时，向海外受众讲述小而美的中国故事；在主流媒体和外交官员发声的同时，鼓励民间组织、个人以及海外民众感受中国、报道中国；在传播中国政策、发展理念等抽象概念和政治话语时，采用民众视角打造亲切的案例，引发受众情感共鸣。换言之，中国的对外传播应转换视角，明确对外传播的受众是海外民众，深刻理解当地民众的价值观偏好和情感触点，培养"以人为媒"，以当地人的视角报道发展的中国，以情动人，贴合当地受众的信息需求和认知视角，达到知、情、意互动融通的效果，改善中国国际传播的困境。

注释

[1] Xie Y, Jin Y. Global attitudes toward China: Trends and correlates [J]. Journal of Contemporary China, 2021, 31 (133): 1 - 16.

[2] Huang J, Cook G, Xie Y. Large-scale quantitative evidence of media impact on public opinion toward China [J]. Humanities and Social Sciences Communications, 2021, 8 (1): 1 - 8.

[3] 赵明昊. 拜登执政与美国对华战略竞争走向 [J]. 和平与发展, 2021 (3): 14 - 36＋135 - 136.

[4] 林利民. 后疫情时代的大国变局、全球治理与中国对外战略

[J]．当代世界，2021（2）：39－43.

　　[5] 陈积敏．美国对华战略认知的演变与中美关系 [J]．外交评论（外交学院学报），2011，28（4）：131－142.

　　[6] 秦亚青．美国对华战略转变与中美关系走向 [J]．人民论坛·学术前沿，2021（15）：61－71.

　　[7] 曾向红，李琳琳．西方对华舆论的演变与中国的应对策略 [J]．教学与研究，2020（10）：81－93.

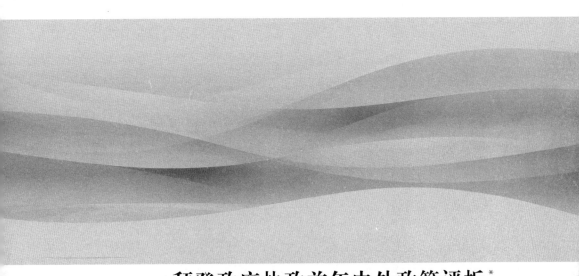

拜登政府执政首年内外政策评析[*]

* 本文由刁大明（中国人民大学国家发展与战略研究院研究员、国际关系学院副教授）代表团队于 2022 年 3 月 17 日发布。

自拜登上台执政以来，美国拜登政府始终处于较为复杂且严峻的内外环境，面对着拜登在就职演讲中所描述的所谓"级联"式危机与挑战。一方面，美国疫情反复、毒株变异，经济复苏任重道远，财政赤字与债务规模空前、通货膨胀突出、供应链断裂等问题正在带来新的压力，使得族裔、枪支等社会矛盾持续加剧。这些持续存在的国内困境拖累了拜登个人及其政府的民意满意度。另一方面，拜登政府既要延续特朗普政府开启的所谓"大国竞争"的战略方向，同时又要通过各种政策调整来修复特朗普执政期间对美国地位、盟友关系以及国际与地区局势的破坏，其战略重点也继续转向所谓"印太"地区。值得注意的是，虽然采取了与特朗普政府存在一定区别的对外政策议程，但拜登政府仍然无法摆脱特朗普执政期间展现出的"内顾倾向"。拜登上台之初提出的所谓"中产阶级外交"也被认为是拜登版本的"美国优先"。就对华政策而言，拜登政府在"大国竞争"框架下将竞争作为对华战略的主线，以符合自身利益最大化的方式选择在某些领域的对话与合作以及在其他议题上的介入、操作乃至对抗，推进对华长期战略竞争态势的逐步成型。

国内赋权不足，兑现承诺难度大

就国内执政态势来看，拜登政府快速结束了履新以来原本应该持续一段时间的"蜜月期"，过早地陷入了相对艰困的国内政治与民意局面。这充分说明，拜登及其民主党人在 2020 年大选中的胜出只是在更多选民支持下完成了终结特朗普政府继续执政的基本任务。在完成该任务之后，拜登政府因为并不具备推动新政策的足够民意赋权，甚至并不具备足够的党内支持，因而无法避免地出现了民意支持度明显下滑的局面。

第一，拜登政府快速失去了多数民意支持，处于颇为被动的执政状态。由于经济态势不稳、疫情防控政策引发争议等原因，又加之从阿富汗仓促撤军导致美国国内舆论一片哗然，原本被赋予较大期待的拜登政府的民调满意度随之呈现出维持在 40%～50% 的低迷状态。特别是自 2021 年 8 月 20 日（即阿富汗塔利班攻占喀布尔之后 5 天）以来，拜登政府开始陷入不满意度反超的"负满意度状态"，且平均差距为 10％左右。小布什政府首次出现类似情况是在 2004 年 5 月即第一任期结束之际，而奥巴马政府则是在 2010 年 7 月即在完成足以铸定遗产的经济刺激计划与奥巴马医改之后才出现。同样需要看到的是，拜登政府在经济、抗疫、移民、对外政策甚至是应对气候变化等几乎所有重要政策议题上都是"负满意度状态"。值得一提的是，与其在全美民调中的不佳表现相伴的是，拜登在民主党选民当中的支持度也呈现出下降趋势，甚至被认为最为稳定的非洲裔选民对总统的满意度也在下滑（从 86％降至 63％）。由此可见，拜登政府已过早遭遇国内民意主流的疏远乃至失望，这也必然对其进一步推进重大立法或政策议程造成极为严重的拖累。

第二，拜登政府无力通过与国会协调来有效落实重大政策，凸显了其较弱的政治领导力与党内控制力。虽然解决了协调规则等程序问题，但在通过 1.9 万亿美元纾困计划之后，拜登政府在推动 1.2 万亿美元基础设施建设立法以及已被"砍半"缩减为 1.75 万亿美元的"重建更好未来"等立法方面并不顺利。2021 年 11 月 6 日，国会众议院最终才通过了早在 2021 年 8 月参议院就通过的基础设施建设法案，并在 2021 年 11 月 15 日得到了总统签署并生效。然而，在 2021 年 11 月 19 日在国会众议院通过的"重建更好未来"法案则因为民主党内部温和派即西弗吉尼亚州国会参议员乔·曼钦的不支持而至今仍未获通过，从而严重影响拜登完成竞选承诺的步伐。同样受拖累的还有民主党自由派与少数族裔群体需要推动的涉及保障少数族裔投票权利的《投票权利法案》，该法案由于民主党温和派坚决不同意改革国会参议院关于"冗长发言"的相关程序而至今无法得到通过。这种拖累事实上也说明了拜登不具备足够的党内协调乃至控制能力，不能让民主党内部各派别团结到总统的政策议程上，同时也说明拜登不具备足够的政治影响力，不能通过动员选民的方式来向两党特别是本党议员施压、促使其支持立法。

第三，疫情与经济复苏挑战仍在，拜登政府的相关政策并未让普通民众满意。就美国疫情而言，由于美国 2021 年 9 月"开放国门"、各州管理不一且整体松懈、寒冷天气与频密假期等多重原因，美国疫情在 2021 年 9 月中旬达到所谓"第四波疫情"高峰之后并未出现快速下降态势，并在 2022 年 1 月达到了所谓"第五波疫情"峰值，即单日增长 80 万以上的极其严峻状况。进入 2022 年 2 月以来，疫情相关数字有所缓解，但仍存在一定的风险与不确定性。特别是随着各州相关防控措施的进一步取消，美国疫情发展态势还无法做出明确的趋势性判断。与此同时，拜登政府先后出台的多项强推疫苗接种措施出现了逐渐失速的态势。截止到 2022 年 2 月底，全美完成接种比例为 65％，至少接种一剂者为 76％，比 2021 年 11 月底仅增长了 4％。按照该接种速度，到 2022 年 8 月下旬，全美完成接种比例才能达到 94％。值得一提的是，到 2022 年 2 月，美国仍有 24 个州的完成接种比例未超过 60％，这就意味着在接种疫苗上美国各州仍存在明显的"短板效应"。更为严重的是，美国目前已接种疫苗群体中较多出现了拒绝继续佩戴口罩、保持社交距离等必要防控措施的现象。在病毒持续变异的现实情况下，这种做法必然导致防疫难度的激增、疫情进一步复杂化甚至恶化的可能性。

就美国经济而言，2021 年美国实现了 5.7％的增长，按照白宫的说法也创造了 650 万个就业岗位，进一步推动美国经济恢复到疫情之前的状态。但与此同时，必须看到的是，由于近 40 年来最为严重的通货膨胀以及供应链断裂、物价上涨等问题，美国普通民众并未充分感受到经济的好转态势，这对拜登执政提出了更高的新要求。拜登政府的 1.9 万亿美元救助计划、1.2 万亿美元基础设施建设计划等高额支出进一步推高了原本就已达到历史高位的债务和赤字，给美国经济长期健康发展埋下了极大的隐患。

"大国竞争"加速，实施途径调整

虽然国内执政情况不佳且面对着不确定性的挑战，拜登政府在对外政策上却已基本完成了新政府通常要经历的"学习周期",快速着手推动相关议题与政策的必要调整,在"大国竞争"维度上呈现出延续与定型态势。总体而言,相比于在国内事务上的受限与弱势,拜登政府在对外政策上面对着相对宽松的空间、展现出较为强势积极的一面,凸显出民主党政府强调价值观、多边机制、外交手段等传统倾向,并明显聚焦于所谓"印太"地区。

第一,"大国竞争"态势得以明显延续,结束阿富汗战争也展现出战略转向的坚定决心。拜登政府明显延续了特朗普政府期间确定的"大国竞争"战略转向。这种态势不仅表现在拜登政府在 2021 年 3 月初发布的《过渡时期国家安全战略指南》当中,而且体现为拜登政府继续执行了特朗普政府从阿富汗撤军、结束阿富汗战争的政策选择,即将结束反恐战争视为全面转向、投入"大国竞争"的关键标志。拜登政府在 2021 年 8 月底从阿富汗的仓促撤军虽然遭遇了美国国内舆论的极大非议,但长期而言这一决策与行动应该说是有助于美国彻底完成战略转向的,在美国对外关系史上具有重大意义。值得注意的是,美国撤出阿富汗,并不意味着彻底结束了其在阿富汗以及相关地区的存在。撤军之后的美国仍旧是该地区最具影响力的域外大国,而且完全可以从背负国家建设责任的"主要责任人"角色转向见机行事、谋求利益最大化的"介入者"乃至"破坏者"。未来,美国在推动"大国竞争"与"印太"战略时也极有可能将在阿富汗地区有所动作，以此来牵制中、俄、印、伊朗等国。

第二，在"大国竞争"战略的具体实施过程中，对中俄有所区别，对华是以竞争为主线。与往届新当选的政府不同，拜登政府虽然被认为是冷战结束以来首个对俄罗斯不抱有任何不切实际期待的美国新政府，但也希望与俄罗斯保持最基本的"稳定且可预测"的关系。在《过渡期国家安全战略指南》以及其他公开表述中，拜登政府明显倾向于将中国定位为在全方位、多层次、宽领域对其发起严峻挑战的唯一竞争者，而俄罗斯只是在军事安全与地缘政治上不断制造事端、希望提升影响力的破坏性力量。在具体操作中，拜登政府显然希望通过两次元首会晤、开启并推动战略稳定对话以及在地区事务上强化沟通等方式尽可能将美俄关系稳定在烈度可控的一定范围或区间之内，尝试分化中俄，甚至推动将中东欧国家（立陶宛）对俄的敌意同步转嫁到对华态度上。值得注意的是，美国在对俄政策上展现出"两面性"：一面希望渲染所谓的俄罗斯"威胁"来纠集欧洲盟友，另一面又不希望这种渲染导致美俄之间直接的对抗乃至冲突。这就意味着，其所谓"稳定且可预测"就是俄罗斯必须稳定地成为美国可以渲染的所谓"威胁"，而不能做出不利于美俄战略稳定的回应。在美俄关系并未缓和反而加剧紧张的情况下，美国又反复通过北约东扩等方式进一步制造俄罗斯所谓"威胁"，最终也就直接导致了俄罗斯与乌克兰的持续紧张局势以及自2022年2月以来的冲突局面。这一相对"不可预测"的局势发展在客观上至少短期内强化了美国与欧洲盟友的关系，帮助拜登政府实现了目标。同时，拜登在多个场合关于捍卫北约、支援乌克兰但不会出兵等立场，也充分说明即便美国对俄罗斯的战略定位会进一步调整，其聚焦所谓"印太"地区的战略转向也至少在主观上不会出现调整。

第三，有限修复盟友与伙伴关系，全力聚焦所谓"印太"地区。相比于特朗普政府，拜登政府至少在对外表述与姿态上表现出修复盟友与伙伴关系的倾向，但仍希望通过盟友、伙伴的配合实现美国自身战略利益的最大化，甚至发生了曾在特朗普政府时期发生过的与盟友争利的情况，如美英澳安全联盟的核潜艇协议对美法关系的影响。这也意味着拜登政府针对盟友与伙伴关系的修复仍具有有限性，并没有解决当前美国自身平衡国内国外、维持全球战略地位与欧洲等盟友国家追求自身利益、推进战略自主之间的明显矛盾。也正因如此，拜登政府转而采取各种方式渲染中俄等国的所谓"威胁"，并以所谓"民主峰会"等方式来动员、强化盟友关系。与此同时，拜登政府显然在地缘政治意义上进一步全面转向所谓"印太"地区。这不但表现为拜登政府急于将所谓"四方安全对话机制"提升到政府首脑层次并进一步通过元首峰会、合作协定、联合军演等方式做实，也表现为更为关注东南亚地区，在《过渡期国家安全战略指南》出台之前先出台《印太战略报告》，推动所谓"印太经济框架"等，而且表现为将欧洲盟友、伙伴以及北约架构引入"印太"地区，配合美国插手、炒作某些服务于其"大国竞争"的议题，推进北约"印太化"、"印太"地区"北约化"等新态势。

第四，编织"小多边"网络，设置议程，以议题转换思路改造现有机制，展开机制消耗战。一方面，为了维持在所谓"印太"地区的主导地位，绕开自身在政治和立法程序上难以在中短期内加入新贸易安排的短板，拜登政府正在通过将经济、科技议题"安全化"与"意识形态化"等方式，实现对该地区现有安全机制的改造、升级与转型，即将其原本关注的纯军事、情报、地缘等安全议题的机制（如"五眼联盟""四方安全对话机制"等）扩展到经济、科技、基础设施、产业链、供应链等广泛领域。另一方面，在所谓"印太"战略中，拜登政府也比较积极地围绕数字技术、网络、人工智能、产业链等其具有一定优势或具有一定影响力的议题主动联络某些盟友与伙伴，宣誓将构筑多个合作机制。目前看来，这些合作机制更多的是在制造声势，而美国实际的投入却较为有限，其目标就是干扰该地区的经济一体化步伐，分散中方注意力与聚焦点，让中方忙于、困于频繁应付与回应，消耗资源、降低聚焦、削弱合力甚至导致中国与周边国家关系复杂化。

第五，在应对气候变化领域，拜登政府希望有所突破并重塑领导地位，但也受困于自身国内议程。拜登政府显然希望在应对气候变化领域兑现竞选承诺、重塑美国领导力，因而其治下的美国展现出既要与国际社会合作，又要继续主导规则、强加于人的矛盾状态。此外，值得注意的是，由于应对气候变化等相关立法条款在美国国内遭遇较大阻力，又加之未来必然出现的政党轮替所导致的相关政策剧烈摇摆，拜登政府在该领域的国际承诺也遭遇了极大质疑。

设置"护栏"，落实对华竞争

在对华政策上，拜登政府上台之初基本上延续了特朗普政府的大多数做法，并未做出大幅度调整。2021年3月初，美国国务卿布林肯提出了所谓"竞争、合作、对抗"的对华政策"三分法"表述，使得人们认为拜登政府正在推动形成更为务实的对华竞争战略及相关政策。自2021年9月以来，在基本完成对华政策审查与评估的基础上，拜登政府在继续推动完善对华竞争战略的同时，从美国自身利益出发开始着手调整某些议题上的具体政策，其表现为在经贸等某些议题上释放出对话与合作的信号，但在其他议题上却继续采取挑衅态势，甚至在涉台、涉疆等关键敏感议题上多次挑衅、越走越远，存在动摇中美关系政治基础的危害性。

一方面，拜登政府希望与中国保持高层战略沟通，推动两国"消极合作"，为避免误判与冲突等"最糟"局面设置所谓"护栏"。自上台以来，拜登与中国国家主席习近平进行了两次通话与一次视频会晤，中美两国高层也进行了多次会晤、通话等沟通，这些态势显然有助于稳定两国关系、防止关系的进一步恶化。拜登本人也多次公开表达"无意于遏制中国""无意于新冷战""防止竞争滑向冲突"，这些表述背后的信息是要与中国构建起最基本的"护栏"或"托底"机制，避免出现双方都无法接受的高烈度对抗与冲突，从而实现两国在"避免最糟""避免最差"维度上的"消极合作"。

另一方面，在"消极合作"的基础上，拜登政府在不同的对华议题上采取不同政策选择，但其核心目标是自身利益最大化。在政治与意识形态领域，拜登政府也表现出明显的"两面性"。在反复强调"无意于新冷战"的同时，拜登政府反复在国际舞台上强调"民主""人权"等价值观，炒作涉疆等议题，以召开所谓"民主峰会"、对北京冬奥会进行所谓"外交抵制"等方式在价值观和意识形态领域对华施压。这种表现不但凸显了民主党的一贯倾向，也反映出美国希望在国际舞台上重塑所谓"道义领导力"的迫切需求。

在经贸领域，拜登政府从自身利益考虑做出一些对话与合作的姿态，未来可能促成高层沟通的恢复以及对某些特朗普政府遗留政策的符合美国利益的有限调整，同时还是会以所谓"再挂钩"等为杠杆让中方接受其其他要求。

在科技领域，拜登政府基本上执行了"小院高墙"的原则，在盟友与伙伴中推进所谓"小院互通，高墙相连"的科技战略，利用新的标准、规则以及准入门槛等，围堵中国高科技领域的发展。值得注意的是，在经贸和科技领域，拜登政府也进一步采取了相关议题"意识形态化"的政策，以"人权"等议题为由对华增加制裁。

在地缘安全领域，拜登政府急于在亚太或所谓"印太"地区推动符合"大国竞争"需要、针对中国的安全机制，美日同盟、"美英澳三边安全伙伴关系""四方安全对话机制""五眼联盟"等都是美国在所谓"印太"地区针对中国的地缘政治布局。同时，拜登政府也持续加紧在南海相关地区强化军事存在。2021 年 10 月初，美国康涅狄格号核潜艇在南海等相关水域发生的撞击事件足以说明美国在相关地区军事部署的严重程度与密集程度。

在人文交流等领域，拜登政府虽然推动了一定程度上的调整（学生、学者、记者等交流），但仍然是有选择性的，并未对涉及敏感技术领域的人员互动进行任何的松绑，甚至出现了美国海关无端刁难中国访问者的情况。这就意味着，这种人文交流的放松虽然被拜登政府认为符合美国现实与长远利益，但仍要面对美国国内对华负面情绪的较大压力。

在气候变化、应对疫情等全球治理领域，拜登政府也反映出较强的矛盾性。一方面，希望通过与中国的合作来实现其自身目标；另一方面，又需要在全球合作中扮演绝对主导者的角色，限制中国自主发挥作用。拜登政府甚至在合作过程中对华施压，通过给中国设定其认为的兑现承诺时间表等"规则"来拖累中国国内某些产业的正常发展。在应对疫情领域，拜登政府显然展开了与中国的竞争，表现为所谓"溯源"问题的针对性以及全球疫苗供给的竞争性等。

在台湾问题上，拜登政府将其操作为对华竞争的工具，极大增加了台海地区的风险性。一是拜登政府将所谓"六项保证"纳入"一个中国"政策，进一步削弱了"三个联合公报"的实际意义，推动了"一个中国"政策的"空心化"。二是在特朗普政府留下的一系列涉台"立法"的框架下，拜登政府开始在意识形态、地缘安全、经济、科技、供应链等多个维度上介入、操作台湾问题，增加了复杂性。三是拜登政府继续纵容美国国会议员、前任政要"访台"的"常态化"以及美国军队在台存在的"事实化"。四是拜登政府还驱动传统上对苏联、对俄罗斯具有偏见的中东欧国家从价值观出发与中国台湾地区互动，以此来实现欧洲盟友在所谓"印太"地区协助美国推动"大国竞争"的目标。拜登政府的对台政策表现出在总体保持模糊的战略框架下在具体议题上不断"清晰化"的倾向，给中美关系带来了空前严重的挑战，增加了台海地区爆发新一波危机的可能性。

拜登政府在对华政策上展现出"两面性"的原因是复杂的，也反映出了当前中美互动的复杂性：

第一，拜登政府面对着行政部门政策调整与已有的对华"全政府""全社会"状态之间的张力。特朗普政府执政的四年已基本上构建起了"全政府"负面对华的态势，行政机构各政策部门、国会、军方以及其他相关要素都参与到负面涉华行为当中，甚至呈现出以负面民意为表现的"全社会"对华态势。在这种状况下，在拜登政府中的某些政策部门（如经贸、应对气候变化）推动一些对华政策调整的同时，其他部门却仍在"全政府"框架下继续着负面对华态度与涉华行为。这也直接导致了目前拜登政府在对华事务上的复杂性乃至矛盾性。但值得注意的是，拜登政府似乎也倾向于乐见并借势而为地利用这种张力及其导致的复杂性与矛盾性，在对华政策上倾向于采取或纵容"两面手段"，展现出一种"好处占尽、坏事做绝"的恶劣态势。

第二，拜登政府在对华政策上呈现出目标与手段之间的明显矛盾性，导致了信号的混乱。从美国自身"内顾"倾向和对自身能力有限性的充分判断出发，美国短期内不会寻求并会尽量避免与中国公开的高烈度的对抗与冲突，转而要谋求所谓的"避免灾难的竞争"，试图通过"规则锁定""长期竞争"等方式限制中国。但为了实现这个目标，美国需要与盟友、贸易伙伴共同合作制定并维持对其有利的规则，但要在不投入更多公共产品、不给国内资源增加负担的前提下有效驱动盟友、贸易伙伴。美国目前选择的主要方式就是渲染意识形态"威胁"，通过恐吓的方式来对盟友、贸易伙伴实现"负面团结"或"消极团结"，进而炒作涉华事务，从而动员盟友。但这种作为手段的意识形态动员，与其作为目标的"避免灾难的竞争"之间是无法共存的，更是中方无法接受的，反而会给中方、给世界发出极为负面的错误信号，导致美国对华政策无法实现"既定目标"，反而扭曲了新的不切实际的指向冲突乃至对抗的"目标"，甚至展现出滑向"新冷战"叙事的态势。

第三，拜登政府已明显展现出在短时间内尽可能做更多事情、留下更多遗产的迫切诉求，这与中方更为强调长远规划的战略定力形成了极大反差。在拜登总统的高龄以及 2022 年中期选举极有可能出现的不利结果等因素的交互影响下，拜登政府显然倾向于在有限时间内（比如 2022 年中期选举或 2023 年新国会开幕之前）在包括对华政策在内的多项关键政策议题上做成一些事情，留下尽可能多的执政遗产。这种短期诉求正在导致其在短时间内在较多议题上进行相关操作与推动，进而与中方的长远规划并不一致。中美双方政治与政策的议程节奏不同，也在一定程度上导致并加剧了目前两国互动不协调的复杂局面。

抓住机会窗口，铸定更多遗产

经过一年的执政，拜登政府提交给美国乃至世界的答卷并不令人满意。由于 2022 年 11 月中期选举作为政治周期节点的存在，拜登政府只有在 2022 年一年中努力尽可能多地推进内外政策议程、兑现承诺并铸定遗产。

在国内政策方面，拜登政府率先面对着如何继续推进经济复苏与有效防控疫情的重大考验。这两个方面的业绩，尤其是能否有效转换为普通选民的切身满意度将直接关系到 2022 年中期选举的前景。与此同时，拜登政府将继续推进对大选承诺的兑现，如认真落实已成为立法的"美国就业计划"的相关项目，又如继续投入较多精力来推动"重建更好未来"、投票权利、税制改革以及社会福利改革［针对老年和残障健康保险（Medicare）以及奥巴马医改］等重大立法。值得注意的是，随着中期选举的临近，特别是 2022 年 3 月就开启中期选举初选的现实压力，两党议员都更有可能坚守自身原本的固化立场，进而立法成功的空间将更具局限性、难度也必然更大。

在对外政策方面，拜登政府将进一步聚焦于推进所谓"印太"战略。作为具有明显且少见的所谓"遗产导向"的总统，拜登对其任期内内外政策"遗产"的规划为：在对内政策方面，让美国走出疫情困境，为未来持续发展提供足够空间；在对外政策方面，进一步将已经提出 10 年的亚太或所谓"印太"战略落实，表现为进一步的机制化。从这个意义上看，拜登政府将在 2022 年进一步加速推动所谓"印太"战略的不断落地。2022 年 5 月，拜登将出席在日本举行的"四方安全对话机制"的新一次领导人峰会，并访问日本与韩国。可以预见，拜登访问期间将与日本领导人以及刚刚就任的韩国新总统进行较为密切的沟通，同时也有可能与菲律宾新当选总统进行互动。这也意味着，拜登政府可能不但会继续推进所谓"印太"战略，而且有可能在朝鲜半岛事务、南海事务上做出一些符合其利益的操作。2022 年 10 月与 11 月，拜登也计划先后出席在印度尼西亚举行的二十国集团峰会以及在泰国举行的亚太经合组织领导人非正式会议，这些安排也将加速拜登政府与东南亚地区的战略互动，为其提供机会来推动所谓"印太经济框架"等地区机制。

与此同时，当前俄乌局势也必然在客观上影响到拜登政府的对外政策。从短期看，美国与欧洲盟友的关系将得到快速强化，但长期积累的跨大西洋关系中的矛盾并未因此而得到任何有效解决。这就意味着，随着相关局势的发展，美国在对欧洲尤其是对俄罗斯方面的相关政策仍存在着一定的变数。

当然，拜登政府也被预期将在 2022 年（极有可能是早些时候）对外发布其政府的新版国家安全战略报告，其中对中俄等的战略定位、对其对外战略走向的总体描述也将具有长远影响。

在对华政策方面，拜登政府极有可能展现出积极调整与负面介入并驾齐驱的矛盾且复杂的态势。在经贸、应对气候变化、人文交流等领域，中美两国可能展现出更多对话与合作态势，可能对特朗普政府留下的一些政策错误进行有限的修正，但在地缘政治、军事安全、科技等领域，中美两国必然继续保持分歧与摩擦态势，甚至台海、南海等领域将成为中美两国爆发冲突的重大风险点。此外，美国在价值观与意识形态领域的介入也必然为中美关系带来新的波折。当然，这段时间的中美互动也可能有助于双方在各自的新阶段加快磨合，测试出合作是否或者在多大程度上有助于改善分歧，而分歧与矛盾又在多大程度上拖累合作。这些都可能有机会进一步界定中美关系的新的上限与下限，推动两国关系加速形成符合目前现实情况的新的互动模式。

从以往的历史经验与现实发展态势看，2022 年中期选举将对拜登及民主党更为不利。一方面，总统所在党往往在中期选举中更有可能处于劣势，而历史经验（1934—2018 年）也表明总统所在党将在国会参众两院平均失去一定数量的席位（参议院 3.59 个席位、众议院 27.5 个席位）。面对这一历史经验，目前在参议院以 50 比 50、在众议院以 221 比 213 的票数维持多数的民主党显然岌岌可危。另一方面，前文中陈述的拜登持续低迷的满意度也将直接更为明显地拖累民主党的选情。这就意味着，2022 年中期选举有很大可能会产生出一个共和党占据两院至少一院多数的新国会，并将在 2023—2024 年与拜登政府构成不同程度上的"分立政府"。这也就意味着，拜登政府在当前任期的后两年将面对着巨大的党争制衡压力。可以想见，由于共和党国会的阻击，拜登政府极有可能在 2023—2024 年期间在内政方面毫无推进的空间，甚至会面临当年民主党凭借国会多数而对特朗普展开的弹劾调查等党争挑战。在国内受阻甚至面对极大压力的拜登，届时完全有可能在自身还相对具有灵活性的对外政策领域推进相关议程，从而实现更多成绩与铸定更多遗产。相比而言，进一步推进对华竞争战略，推动对华强硬政策，不但在美国国内能够得到包括共和党在内的支持或者说至少不是反对，而且符合拜登政府自身议程，因而极有可能在 2023—2024 年拜登政府的政策调整将给中美关系带来新的更大的挑战。